एक रोमांचक

कहानी कोरोनाकाल की

अजय मोहन जैन

प्रभात
पेपरबैक्स
www.prabhatbooks.com

प्रकाशक

प्रभात पेपरबैक्स

4/19 आसफ अली रोड, नई दिल्ली-110002

फोन : 23289777 • हेल्पलाइन नं. : 7827007777

इ-मेल : prabhatbooks@gmail.com ✥ वेब ठिकाना : www.prabhatbooks.com

संस्करण

प्रथम, 2021

मूल्य

दो सौ रुपए

मुद्रक

आर-टेक ऑफसेट प्रिंटर्स, दिल्ली

EK ROMANCHAK KAHANI CORONAKAAL KI
by Shri Ajay Mohan Jain

Published by **PRABHAT PAPERBACKS**
4/19 Asaf Ali Road, New Delhi-110002

ISBN 978-93-90378-30-2

₹ 200.00

मानवजाति
के
लिए
जो सभी बाधाओं के खिलाफ
खड़ी होकर आगे बढ़ती गई

प्राक्कथन

'एक रोमांचक कहानी कोरोनाकाल की' अत्यंत रोमांचकारी कथा है। यह कहानी हमें रोचक तरीके से यह याद दिलाती है कि मानवजाति कई चुनौतियों के लिए बहुत लचीली है और दृढ़ संकल्पशक्ति से उन पर विजय पाने में हमेशा से सक्षम रही है। कहानी यह दरशाती है कि करोनाकाल की चुनौतियों एवं समस्याओं को कैसे प्रौद्योगिकी आविष्कार के साथ हल किया गया एवं विषम परिस्थितियों में भी हम न सिर्फ अपना अस्तित्व बचाए रखने में सफल रहे, बल्कि करोना जैसी महामारी से भविष्य में बचाव के भी उपाय खोज निकाले। हम आशा करते हैं कि प्रत्येक पाठक इस कहानी से संबंध स्थापित करने में सक्षम होगा एवं इसे एक रोचक एवं ग्राह्य पाठ्य के रूप में याद रखेगा।

—अभय करंदीकर

डायरेक्टर IIT Kanpur

(भारतीय प्रौद्योगिकी संस्थान, कानपुर)

प्रस्तावना

"बहुत गंभीर लग रहे हो, जेम्स। ऐसा क्यों?" रमेश ने अपने कैंब्रिज के शोधकर्ता साथी के साथ दोपहर का भोजन करते हुए पूछा।

"गंभीर नहीं, लेकिन मैं इस अत्यधिक अप्रत्याशित महामारी के कारण दुनिया में हो रही परेशानियों को महसूस कर रहा हूँ। इसने अमीर-से-अमीर और गरीब-से-गरीब, किसी को भी नहीं बख्शा। दुनिया भर में हर किसी को इसने अपनी चपेट में लिया है। मुझे समझ नहीं आ रहा कि क्या होगा!" जेम्स ने कहा।

"अरे, चिंता मत करो!" रमेश ने कहा। उसके स्वर में एक दृढ़ आत्मविश्वास था। "इस तरह की घटना पहली बार नहीं हो रही है। इतिहास गवाह है। सुदूर अतीत में इसी तरह की कई आपदाएँ आई हैं, लेकिन मेरा विश्वास करो, मनुष्य बहुत मजबूत बना है। हम हमेशा मजबूत, अधिक परिपक्व और विकसित होते रहे हैं। यह स्वयं महामारी नहीं है, लेकिन हमारे अपने डर और इसके बारे में आशंकाएँ हैं, जो चिंता का वास्तविक कारण हैं। आपको कभी नहीं पता कि आपके लिए भविष्य में क्या है? यह आपके ऊपर है कि आप प्रतिकूल परिस्थितियों को अपने हित में कैसे परिवर्तित करते हैं। अंततः, यह न जाने किस भेष में वरदान बन जाए!"

"आप ऐसा कैसे कह सकते हैं?" जेम्स ने अविश्वसनीय रूप से पूछा।

रमेश मुसकराया। एक मुसकराहट, जो कुछ शिथिल, पर आशान्वित थी। आँखों में एक चमक के साथ, वह शुरू हुआ, "मैं तुम्हें एक कहानी सुनाता हूँ, जो बहुत समय पहले, लगभग 4500 वर्ष पहले की है…"

आभार

इस परियोजना पर ध्यान केंद्रित करने के लिए, मुझे सभी घरेलू कामों से मुक्त करने के लिए, इसके अलावा कुछ बहुत ही मूल्यवान् सुझाव देने के लिए, मेरी पत्नी सिन्धु का धन्यवाद; और बच्चों अभिनव-तनु का पुस्तक का प्रारूप पढ़ने और अपनी बेवाक और कीमती राय देने के लिए।

मैं IIT Kanpur के डायरेक्टर प्रोफेसर अभय करींदकर का पुस्तक का प्राक्कथन लिखकर प्रोत्साहित करने और आशीष वचन देने के लिए विशेष रूप से आभार वयक्त करता हूँ। अंग्रेजी पुस्तक के पहले पाठक होने के नाते, लंदन के राहुल जैन का हार्दिक धन्यवाद।

मैं अपने परिवार के सभी ब्रह्मविलीन लोगों को नमन करता हूँ और सभी सदस्यों का सहयोग के लिए हार्दिक आभार व्यक्त करता हूँ।

मैं उन बहुत से लोगों, विशेषकर अपने सभी मित्रों और परिचित व्यक्तियों को धन्यवाद देता हूँ, जो इस पुस्तक के साथ प्रत्यक्ष या अप्रत्यक्ष रूप से जुड़े हैं और जिनके सहयोग के बिना यह प्रोजेक्ट कभी आकार न ले पाता।

अनुक्रम

इतिहास/अतीत के पन्नों से

आपदा काल की रोमांचक कहानी

1

"अरे, इन्हें तो बहुत तेज बुखार है! ये कब से बीमार हैं?" चिकित्सक भुवन ने पूछा, उनकी आवाज में चिंता थी, उचथल के एक प्रसिद्ध अभिजात व्यक्ति शोम की जाँच करते हुए। शोम इलाके में एक बहुत प्रसिद्ध व्यवसायी थे और उनके पास कई तरह के उद्यम थे।

"कल से," भाई ने जवाब दिया, जो पास में खड़ा था। उसके चेहरे पर चिंता की लकीर थी।

"कोई अन्य समस्या?" भुवन ने पूछा।

"और कुछ नहीं, सिवाय इसके कि वे काफी कमजोर और शिथिल महसूस कर रहे हैं।"

भुवन की भौंह में कुछ पल के लिए बल पड़े। वे न केवल बीमारियों का निदान करने में कुशल थे, बल्कि मानवीय भावनाओं को भी बेहतर समझते थे। "ठीक है, मैं समझ गया। उन्हें पूरा आराम करना चाहिए। वह जल्द ठीक हो जाएँगे।" भुवन ने शोम के भाई को एक कड़क मुसकान दी और फिर अपने शिष्य, एक होनहार युवा चिकित्सक अधिरथ की ओर देखा, जो लोगों की अन्यथा भी सेवा करने में विश्वास रखता था।

भुवन ने अधिरथ को स्पष्ट निर्देश देते हुए कहा, "स्वामी को तुलसी, पुदीना, गिलोय और अश्वगंधा का अर्क दो।"

जब परिजन धन्यवाद देने और अलविदा कहने के लिए चिकित्सकों के आसपास जमा हुए, भुवन उनके चेहरे पर चिंता की लकीरें देख सकते

थे। उन्होंने एक विश्वासपूर्ण मुसकराहट बिखेरी। "बहुत ज्यादा चिंता मत करिए। जिन दवाओं को मैंने आपको दिया है, उनसे स्वामी को जल्द ही ठीक कर लिया जाना चाहिए।" इसके साथ ही उन्होंने रईस के शानदार घर को छोड़ दिया।

2

चिकित्सक को आए दो दिन बीत चुके थे। हालाँकि निर्धारित दवाओं को नियमित रूप से शोम को दिया गया था, लेकिन बुखार में कमी के कोई लक्षण नहीं दिखे। इसके बजाय, चिंताजनक रूप से यह बढ़ रहा था। शोम ने पीला दिखना शुरू कर दिया था। कभी-कभी वह बोलने में भी असंगत हो जाते थे, ऐसी बातें करते थे, जो किसी के समझ में नहीं आती थीं। जब भुवन को फिर से बुलाया गया तो पता चला कि भुवन को भी हलका बुखार हो गया था और इस प्रकार, अगले दिन, शहर के सबसे वरिष्ठ चिकित्सक श्रेयांस को बुलाया गया। तब तक शोम की तबीयत और बिगड़ चुकी थी। श्रेयांस रोगियों का इलाज करने के एक मजबूत ट्रैक-रिकॉर्ड के साथ एक उच्च अनुभवी और प्रतिष्ठित डॉक्टर थे, लेकिन थोड़ा रूखा होने के लिए जाने जाते थे।

आगमन पर पहला सवाल श्रेयांस ने पूछा कि क्या किसी और से सलाह ली गई थी? परिवार के सदस्यों ने उन्हें भुवन के बारे में बताया और यह भी कहा कि जब से वह शोम का निदान करने आए थे, तब से वह भी अस्वस्थ हो गए। श्रेयांस को यह भी बताया गया कि भुवन ने शोम को तुलसी का अर्क दिया था। यह सुनकर, श्रेयांस ने तुलसी के अर्क के अतिरिक्त कुछ अन्य जड़ी-बूटियों को भी निर्धारित किया।

3

लेकिन इलाज व्यर्थ गया। शोम की हालत लगातार खराब होती गई। श्रेयांस को फिर से बुलाया गया, लेकिन इस बार उन्होंने दूर से ही शोम की जाँच की। श्रेयांस ने निष्कर्ष निकाला कि शोम को कुछ संक्रामक रोग लगता है, क्योंकि भुवन भी अस्वस्थ हो गए थे, ऐसे ही लक्षण दिख रहे है। स्थिति की गंभीरता को महसूस करते हुए श्रेयांस ने तुरंत शोम के परिवार के सदस्यों को चेतावनी दी कि वे रईस के करीब आने की कोशिश न करें।

हालाँकि, परिवार के सदस्यों को यह सब बहुत अजीब लगा। एक डॉक्टर किस तरह का निदान कर सकता है, जब वह अपने मरीज की ठीक से जाँच नहीं करता है, वे आश्चर्यचकित थे। शोम के परिवार को दूर से श्रेयांस का जाँच करना ठीक नहीं लगा; वे निश्चित रूप से संतुष्ट नहीं थे।

"डॉक्टर, आपने उनकी ठीक से जाँच नहीं की है," उनमें से एक ने टिप्पणी की।

"अगर आप परीक्षण का तरीका मेरे लिए छोड़ दें तो बेहतर होगा। मैं एक बहुत अनुभवी डॉक्टर हूँ और मुझे पता है कि मुझे अपना काम कैसे करना है," श्रेयांस ने कहा और फौरन निकल गए।

4

अगले दिन, जब शोम के गले में भी दर्द होने लगा तो श्रेयांस को फिर से बुलाया गया। श्रेयांस ने सलाह दी कि शोम को परिवार से बिल्कुल अलग रखा जाए और वे किसी के संपर्क में न आएँ। उन्होंने शोम के लिए कुछ और जड़ी-बूटियाँ भी निर्धारित कीं।

जब श्रेयांस को बाद में पता चला कि भुवन के साथ उनके शिष्य अधिरथ को भी बुखार और कुछ अन्य जटिलताएँ हो गई हैं तो उन्होंने तुरंत

शोम के परिवार को निर्देश दिया कि शोम को बस्ती के बाहर एक अलग घर में स्थानांतरित कर दिया जाए और कोई भी उनके संपर्क में न आए।

आगे पूछताछ करने पर, वरिष्ठ चिकित्सक को सूचित किया गया कि हाल ही में, शोम एक पड़ोसी गाँव में व्यापार के लिए गए थे और उसी दिन वापस भी लौट आए थे। रईस के साथ उनका सहायक भी था।

"जिस गाँव में मैं गया था, वहाँ के लोग मुझे अच्छी तरह से जानते थे। वह व्यापारी, जिसके साथ मैं व्यापार कर रहा था, जानता है कि मैं क्या खाता-पीता हूँ। मैं वहाँ किसी और से नहीं मिला। मैं सुबह-सुबह गया था और उसी शाम को लौट भी आया। मुझे अगले दिन से बुखार हो गया। मेरी बैलगाड़ी अटकने की एक घटना को छोड़कर मेरी घर वापसी कमोबेश सुचारू रही। जब मेरी बैलगाड़ी अटक गई, मैंने देखा कि एक काले पंखोंवाला प्राणी मेरी बैलगाड़ी के पहियों के नीचे आ गया था। वह मर चुका था और मैंने तुरंत अपने नंगे हाथों का उपयोग करते हुए उसे पहिए के नीचे से हटा दिया," शोम ने धीरे-धीरे कहा, जब श्रेयांस ने उनसे दूसरे गाँव की यात्रा के बारे में और उनके आने-जाने के बारे में विवरण पूछा।

"क्या आप जानते हैं कि वह कौन सा प्राणी था?" श्रेयांस ने पूछा।

"वह मुझे एक चमगादड़ की तरह लग रहा था," शोम ने जवाब दिया।

5

वरिष्ठ चिकित्सक की सलाह के अनुसार, शोम को अपनी पत्नी और एक सहायक लल्लन के साथ मुख्य गाँव के बाहर एक घर में स्थानांतरित करने का निर्णय लिया गया। जब आनंदी, शोम की बेटी, जो उनके व्यवसाय में उनकी सहायता करती थी, ने भी उनके साथ जाने पर जोर दिया तो उसे भी उनके साथ भेज दिया गया। आनंदी बहुत योग्य थी और एक बहुत ही उदार वातावरण में पली-बढ़ी थी। वह शोम के लिए किसी बेटे से कम नहीं थी।

इसी तरह, चूँकि कनिष्ठ चिकित्सक भुवन के शिष्य अधिरथ के स्वास्थ्य में कोई सुधार नहीं हुआ था, इसलिए उसे भी गाँव से बाहर रईस के बगल में भेज दिया गया। हालाँकि, भुवन का स्वास्थ्य अब लगभग ठीक हो गया था, लेकिन वे भी रोगियों को देखने के मामलों में सतर्क हो गए थे। साथ ही हाथ में कीटाणु-नाशक नीम का अर्क जरूर लगाने लगे।

दूसरी तरफ गाँव में, रईस के रसोइए और उसके पड़ोस के कुछ लोगों में भी बुखार हो गया। यह देखते हुए बाकी ग्रामीणों ने उन्हें अलग-थलग रखने के लिए बाहरी इलाके में भेजने का फैसला किया। प्रभावित लोगों ने दूर भेजे जाने का विरोध करने की कोशिश की; शायद वे पीड़ित महसूस करते थे। "हमें अपने ही घरों को छोड़ने के लिए क्यों मजबूर किया जा रहा है ?" उन्होंने विरोध किया। बीमारी के डर और विशेषकर समाज के द्वारा बहिष्कृत होने के डर से, उन्हें धीरे-धीरे उनके परिवार के सदस्यों द्वारा मना लिया गया। उनके परिवारवालों ने उन्हें समझा दिया कि मुख्य गाँव से दूर जाना सभी के हित में होगा। इसके अलावा उन्हें ग्राम प्रशासन द्वारा आश्वासन दिया गया कि उनकी सभी दैनिक जरूरतों का ध्यान रखा जाएगा, जब तक वे बीमारी के कारण अलगाव में हैं। इस प्रकार, धीरे-धीरे और लगातार, कई संक्रमित गाँव से बाहर चले गए और सीमाओं के आसपास के क्षेत्रों में बस गए तथा शेष आबादी से खुद को अलग कर लिया।

6

जबकि कुछ को गाँव के बाहरी इलाके में रहने के लिए मजबूर किया गया था, कुछ अन्य लोग भी थे, जो संक्रमण से पहले ही इन सबसे छुटकारा चाहते थे। उस रईस के अकाउंटेंट की तरह, जो पड़ोसी गाँव गया था, लेकिन कभी वापस नहीं लौटा।

गाँव में नियमित मदिरापान करनेवाले पियक्कड़ संक्रमण से एकदम बेखबर थे। उन्हें संक्रमण फैलने से कोई मतलब नहीं था और वे अभी भी मदिरापान उसी तरह से कर रहे थे, जैसे पहले करते थे। जब उन्हें समझाया गया तो उन्होंने कहा कि कौन सा संक्रमण, कैसा संक्रमण? और वे अपना मदिरापान करने में मस्त रहे।

ऐसे ही युवाओं को भी संक्रमण से कोई लेना-देना नहीं था और वे भी जो जैसे कर रहे थे, वे करते रहे! बहुत से युवक-युवतियाँ अभी भी रोमांस में मशगूल थे और अभी भी हमेशा की तरह खेतों में घूमते नजर आते थे।

युवती : लोग कह रहे हैं कि कोई संक्रमण फैल रहा है, ज्यादा घूमना-फिरना नहीं चाहिए, मिलना-जुलना नहीं चाहिए…।

युवक : कुछ नहीं, ऐसा सब हमें मिलने से रोकने के लिए कह रहे हैं, ताकि हम मिल न सकें।

युवती : कुछ लोगों को गाँव के बाहर भी भेजा गया है।

युवक : यह उच्च वर्ग के वे लोग हैं, जिन्हें आराम की जरूरत थी और उन्हें सब झंझटों से बचाने के लिए गाँव के बाहर भेज दिया गया है। फिर उन लोगों के पास गाँव के बाहर रहने की जगह भी थी।

युवती : पर कुछ और लोगों को भी गाँव के बाहर भेजा गया है।

युवक : कुछ नहीं, यह वे लोग हैं, जिनसे दुश्मनी निकालने के लिए उन्हें संक्रमित बताकर गाँव के बाहर भेज दिया गया है।

युवक ने युवती को समझा दिया।

इसी तरह जो युवक खेल-कूद, कसरत आदि करते थे, बिना चिंता किए करते रहे।

7

भुवन की बेटी रानी को जब यह पता लगा कि अधिरथ को बाहर भेजा जा रहा है तो उसे अच्छा नहीं लगा। वह हमेशा से अधिरथ को अपने लिए ही समझती थी, हालाँकि इस बात का जिक्र उसने कभी भुवन से नहीं किया था और न ही अधिरथ से कभी कोई ऐसी बात की थी।

रानी भुवन की इकलौती लाड़ली बेटी थी, जिसे बड़े नाजों-नखरों से पाला गया था। उसे अपनी पृष्ठभूमि और रंग-रूप पर थोड़ा गुमान था। उसका अधिकतर समय सजने-सँवरने में निकलता था। उसने किसी विशेष क्षेत्र में तो कौशल हासिल नहीं किया था पर सामान्य कार्यों में दक्ष थी।

रानी ने भुवन से पूछा कि अधिरथ को बाहर क्यों भेजा जा रहा है, वह तो यहीं ठीक हो जाएगा, जैसे आप हो गए? पर भुवन ने कहा कि ऐसा लग रहा है कि यहाँ पर उसके स्वास्थ्य में सुधार नहीं हुआ, इसलिए उसे बाहर भेजा जा रहा है। हालाँकि, भुवन ने इसके आगे और कुछ कहा नहीं, लेकिन वह समझ गया।

यह सुनकर रानी को एक झटका सा लगा और वह अपने को कमजोर सा महसूस करने लगी। यह उसके लिए बहुत बड़ा सदमा था, जिसकी वजह से वह अपने को सँभाल नहीं पा रही थी। उसने भुवन से कहा कि उसको भी कमजोरी महसूस हो रही है और लगता है कि उसे भी बाहर भेजा जाना चाहिए। भुवन समझ गया और उसने कहा, "मैं तुम्हारा इलाज कर दूँगा और तुम यहीं पर एकदम ठीक हो जाओगी। तुम अभी आराम करो।" और भुवन कमरे से बाहर आ गया।

रानी सोचते-सोचते अधिरथ के ख्यालों में खो गई—

अधिरथ : अरे, तुम तो बहुत कमजोर लग रही हो!

रानी ने आह भरते हुए कहा—तुम्हारे बिना बहुत कमजोर हो गई हूँ।

अधिरथ : नहीं, मैं जल्दी ही आ जाऊँगा। हम लोग फिर एक साथ रहेंगे।

रानी : सच! सच-सच बताओ।

अधिरथ : हाँ, बिल्कुल।

रानी : फिर बाबू के पास घर आया करोगे न?

अधिरथ : और क्या!

रानी : फिर मेरे से भी बात करोगे न?

अधिरथ : बिल्कुल, वो तो है ही।

रानी : फिर हम लोग साथ-साथ बैठेंगे!

अधिरथ : हम साथ-साथ बैठेंगे, घूमने चलेंगे।

रानी : धोखा तो नहीं दोगे?

अधिरथ : नहीं, बिल्कुल नहीं!

रानी : नहीं, यह दुनिया बड़ी खराब है। वह नहीं चाहती कि हम एक हों!

अधिरथ : दुनिया से हमें क्या करना! कोई हमें रोक नहीं सकता।

रानी : बदलोगे तो नहीं?

अधिरथ : बिल्कुल नहीं, सवाल ही नहीं उठता।

रानी : बाद में भी ऐसे ही सोचते रहोगे?

अधिरथ : बिल्कुल, इससे भी ज्यादा।

रानी : क्या मतलब? अभी क्या कम सोचते हो?

अधिरथ : नहीं-नहीं, मेरा मतलब···

···और तभी रानी की झपकी लग गई।

बाद में भुवन ने उसे समझाया कि हर किसी को, हर कोई चीज नहीं मिलती है और हर काम आपके मुताबिक नहीं होता है, पर किसी बात में क्या अच्छाई छुपी हुई है, कहा नहीं जा सकता। यह बाद में पता चलता है।

भुवन आगे बोला, "और फिर अधिरथ संक्रमित भी है, यह पता नहीं, क्या होगा?"

"हम लोगों को अपना ध्यान करना चाहिए। आज सबको स्वयं सजग रहने की जरूरत है। जो सामने है, उसे समझना चाहिए, उसी के हिसाब से चलना चाहिए," भुवन ने रानी को समझाया।

8

पर बार-बार कोशिश करने के बाद भी रानी अपने आप को समझा नहीं पा रही थी, तभी रानी सोचते-सोचते अधिरथ के ख्यालों में खो गई···

अधिरथ : अरे, तुम तो बहुत सुंदर लग रही हो!

रानी ने इठलाते हुए कहा—तुम झूठ बोल रहे हो।

अधिरथ : नहीं, वाकई।

रानी : तुम बहुत चंचल हो; पर सच-सच बताओ, मैं कैसी लग रही हूँ?

अधिरथ : बहुत अच्छी।

रानी : झूठे कहीं के! अच्छा, यह बताओ कि तुम मुझसे प्यार करते हो?

अधिरथ : बहुत।

रानी : अपने काम से भी ज्यादा?

अधिरथ : और क्या! काम से इसका क्या मतलब?

रानी : बाद में भी ऐसे ही करते रहोगे?

अधिरथ : इससे भी ज्यादा।

रानी : इसका मतलब अभी इतना नहीं करते हो?

अधिरथ : नहीं-नहीं मेरा मतलब···

···और तभी रानी को भुवन की आवाज सुनाई दी।

9

जब बस्ती में स्थिति दिन-ब-दिन खराब होती जा रही थी, आनंदी पड़ोसी के रूप में अधिरथ के आगमन से अंदर से कुछ खुश महसूस कर रही थी। वह उस पर तभी फिदा हो गई थी, जब उसने अपने पिता की जाँच करने के दौरान भुवन के साथ पहली बार उसे देखा था। यह पहली नजर का प्यार था। वह हमेशा किसी-न-किसी बहाने उससे मिलने की तलाश में रहती थी। वह उसे अपने पिता की बीमारी के बारे में परामर्श देने के लिए भी बुलाती थी। यह उनके सहायक लल्लन को पसंद नहीं आया और उसने आनंदी की माँ को इसका संकेत किया। लल्लन का एक छुपा हुआ मकसद था। लल्लन ही रईस के खेतों की देखभाल करता था और उसे यह भ्रम था कि ऐसी विचित्र परिस्थितियों में हो सकता है कि उसे आनंदी का हाथ मिल जाए और रईस की संपत्ति तक पहुँचने का मौका मिल जाए?

धीरे-धीरे, जब अधिरथ की सेहत में सुधार हुआ तो अधिरथ और आनंदी ने मिलकर दूसरे संक्रमित लोगों की देखभाल शुरू कर दी। अधिरथ चूँकि एक चिकित्सक था और आनंदी को कार्य निष्पादन का अच्छा अनुभव था, दोनों ने मिलकर रोगियों की देखभाल को अच्छा व्यवस्थित कर लिया था। ऐसे ही एक रोगी की चिकित्सा करने के दौरान एक दिन जब आनंदी, यह सोचते-सोचते कि अधिरथ उसकी कमर में हाथ डालकर उसकी प्रशंसा कर रहा है, अधिरथ से टकराकर लड़खड़ा गई तो दोनों को एक जोर का झटका लगा। अधिरथ ने आनंदी को गिरने से सँभाल लिया। आनंदी हालाँकि थोड़ी सकते में थी, पर अधिरथ को छूने के बाद उसे ऐसा लगा, जैसे बरसों की आस आज पूरी हुई हो! धीरे-धीरे करके अधिरथ और आनंदी निकट आते गए।

अधिरथ और आनंदी के बीच की निकटता लल्लन को पसंद नहीं थी, लेकिन वह कुछ कर भी तो नहीं सकता था; क्योंकि रोगी युगल के

लिए अत्यधिक उपकृत महसूस करते थे। तब उसनें आनंदी की माँ को यह याद दिलाते हुए कि अधिरथ स्वयं संक्रमित था, उन्हें अलग करने की कोशिश की।

हालाँकि आनंदी की माँ को शुरू में उनके गठबंधन के लिए कुछ संकोच था, पर जब उसे लल्लन के बुरे इरादों के बारे में पता चला तो उसने तुरंत इस बात पर हामी भर दी। उसने गठबंधन को स्वीकार कर लिया और शोम की मृत्युशया पर उसे सार्वजनिक कर दिया। अधिरथ ने अपने स्तर पर बहुत प्रयास किया, लेकिन शोम को नहीं बचा सका, जिसका साँस लेने और फेफड़ों की कुछ और समस्याओं के विकसित होने के बाद निधन हो गया।

10

इधर एक दिन मौका देखकर लल्लन ने आनंदी को जबरदस्ती करते हुए खींचने की कोशिश की, जिसे एक रोगी ने देख लिया। रोगी आनंदी को छुड़ाने के लिए लल्लन से भिड़ गया, जिस पर लल्लन ने टाँग मारकर उसे गिरा दिया। जब रोगी को और कुछ नहीं सूझा तो उसने क्षणिक आवेग में पास पड़ा पत्थर जोर से लल्लन के सिर पर मार दिया। इससे लल्लन एकदम मरणासन्न होकर गिर पड़ा, तुरंत अधिरथ को बुलाया गया। अधिरथ के काफी उपचार करने पर लल्लन को हलका-हलका होश आना शुरू हुआ।

होश आने पर लल्लन ने सारा दोष रोगी के सिर मढ़ दिया। उलटा कहने लगा कि अच्छा हुआ कि उसने देख लिया!

अगले दिन लल्लन को हलका-हलका बुखार होने लगा, क्योंकि रोगी से उसकी गुत्थम-गुत्था हुई थी। अब तक अधिरथ को संक्रमण के लक्षण और उसके उपचार का अच्छा अनुभव हो गया था। अधिरथ ने तुरंत संक्रमण का भी उपचार शुरू कर दिया।

11

पूरी तरह ठीक होने पर लल्लन ने शोम का घर छोड़ दिया और अब वह अलग रहने लगा। आबादी के उसी के तरह के और लोगों से उसका दोस्ताना बढ़ने लगा।

एक दिन लल्लन ने जब उस रोगी पर हमला करने की कोशिश की तो उसने चिल्लाकर कहा, "वहीं रुक जाओ, वरना छूने पर मेरी तरह संक्रमित हो जाओगे।"

लल्लन के कदम एकदम ठिठक गए, पर इस वाकिए में उसे एक नई संभावना दिखी। उसने सोचा लोगों को संक्रमण फैलाने का डर दिखाया जा सकता है!

धीरे-धीरे, लल्लन और उसके दोस्त संक्रमण फैलाने का वास्ता देकर बस्तीवालों को डराने-धमकाने लगे। इसी क्रम में मौका मिलने पर वे लोगों से वसूली भी करने लगे।

शनैः-शनैः यह उनका व्यवसाय बनता गया। वे आसपास की जगह भी जाने लगे और संक्रमण फैलाने की धमकी देकर वसूली करने लगे। कभी-कभी छोटी-मोटी लूटपाट भी करने लगे।

12

लल्लन वाली घटना से आनंदी और अधिरथ और करीब आ गए थे। हालाँकि उनके रिश्ते को सार्वजनिक तौर पर स्वीकार किया जा चुका था, पर हालात अभी ऐसे नहीं थे कि उसे सामाजिक रूप से औपचारिक जामा पहनाया जा सके। वह हालाँकि रह अगल-बगल रहे थे, पर अभी भी दो अलग-अलग घरों में। आनंदी वैसे तो पूरी तरह से आश्वस्त थी, फिर भी कभी-कभी अधीर हो जाती थी। इसके दो कारण थे, एक तो अधिरथ का

काम के प्रति जुनून, जिससे कि जिंदगी की दूसरी चीजों की तरफ ध्यान न देना और दूसरा, अधिरथ का भुवन का शिष्य होना। वह भुवन की बेटी रानी और उसके स्वभाव से अच्छे से परिचित थी। कभी-कभी उसे संशय होने लगता और वह सोचने लगती कि कहीं···। इसी उधेड़बुन में एक दिन उसने अधिरथ से भविष्य की योजनाओं के बारे में बात छेड़ी। बात करते-करते कब वे इतने नजदीक आ गए, पता ही न चला। तभी अचानक से अधिरथ को अपने पूर्व निर्धारित चिकित्सीय दायित्वों और सीमाओं का ध्यान आ गया।

यह ध्यान आते ही वह आनंदी की बाहों से अलग हो गया। यह बात आनंदी को न पसंद आई, न ही समझ आई। इससे उसका संशय और बढ़ गया क्योंकि उसने अधिरथ से ही सुन रखा था कि जब अधिरथ को बस्ती के बाहर भेजा जा रहा था तो रानी ने भुवन से पूछा भी था कि अधिरथ को बाहर क्यों भेजा जा रहा है, क्या वह भुवन की तरह बस्ती में ही ठीक नहीं हो सकता था? पर अब कुछ हो नहीं सकता था लेकिन आनंदी को आशा की किरण यह दिखी कि अब अधिरथ को भी आसानी से बस्ती में वापस नहीं लिया जाएगा। चूंकि आनंदी को मालूम था कि अधिरथ को काम के प्रति जुनून है तो वह अधिरथ को और बाँधने के लिए उसके साथ और भी जी-जान से काम में हाथ बटाने लगी।

13

उधर लल्लन वाली घटना से रानी के दिल में आनंदी के प्रति फिर एक बार आक्रोश भर गया। वह घटना के लिए आनंदी को जिम्मेदार मानती थी। उसने बस्ती में रह रहे लल्लन के रिश्तेदारों से भी मुलाकात करके घटना पर रोष जताया, पर संक्रमण फैलने के कारण हालात ऐसे नहीं थे कि मामले को हवा दी जा सके और मामला दब गया।

इस घटना से रानी को साफ हो गया कि अधिरथ अब बिल्कुल ठीक हो

गया है। वह सोचने लगी कि अब अधिरथ वापस बस्ती में क्यों नहीं आ सकता है! वह चाहती थी कि अधिरथ वापस बस्ती में आ जाए। यह बात उसने भुवन से पूछी, हालाँकि भुवन भी चाहता था कि अधिरथ वापस बस्ती में आ जाए और उसे अधिरथ की मदद मिल जाए, पर भुवन ने रानी को समझाया कि अधिरथ का बस्ती में फिलहाल आना मुश्किल है, क्योंकि बस्तीवाले संक्रमण के डर से उसे वापस नहीं लेंगे। भुवन आगे बोला, "अधिरथ अकेला तो है नहीं और भी ऐसे लोग हैं, इसलिए बस्तीवाले किसी को भी वापस नहीं लेंगे, भेदभाव नहीं करेंगे। वह यहीं मेरी तरह ठीक हो जाता तो हो जाता, पर अब जब वह बाहर भेजा जा चुका है तो वापस लेना मुश्किल है।"

"पर यह किसी की बात नहीं है, अधिरथ एक चिकित्सक है, जिसकी सबको जरूरत होती है। आपको भी सहायक चिकित्सक की जरूरत है। बात करके देखिए," रानी ने कहा।

भुवन ने जब यह बात बस्तीवालों से छेड़ी तो कोई सुनने को भी तैयार नहीं था। भुवन ने जब रानी को यह बताया तो वह फट पड़ी, "आज से कोई भी बस्ती में वापस नहीं लिया जाएगा, मैं भी देखती हूँ...।" रानी अधिरथ को तो वापस बस्ती में लेना चाहती थी पर आनंदी को किसी भी हाल में नहीं।

14

अधिरथ-आनंदी ने मिलकर रोगियों की चिकित्सा को सुचारु रूप से व्यवस्थित कर लिया था, क्योंकि अधिरथ एक चिकित्सक था और आनंदी को कार्य निष्पादन का अच्छा अनुभव था। हालाँकि, हालातों में कोई सुधार नहीं हुआ था और स्थितियाँ देखते हुए जल्दी सुधार की कोई संभावना भी नहीं थी। इसलिए जगह की कमी को देखते हुए, अब वो दोनों एक साथ, एक ही घर में रहने लगे थे। उनके रिश्ते को सार्वजनिक तौर पर पहले ही स्वीकार किया जा चुका था। दूसरे घर में चिकित्सीय कार्य करने लगे थे। संक्रमण

बढ़ने से अब चिकित्सा की अधिक आवश्यकता पड़ने लगी थी।

अधिरथ अब आसपास की जगह भी रोगियों को देखने जाने लगा था।

लल्लन के चले जाने के बाद आनंदी स्वयं ही कुछ समय देकर विरासत में मिले खेतों की कटाई आदि की देखभाल करने लगी।

15

जब भुवन को आनंदी और अधिरथ के मेल-जोल के बारे में पता चला तो उसने एक दिन मौका देखकर रानी से कहा कि वह मिट्टी के बरतन बनानेवाले इकाई के मालिक दयाल के लड़के विशाल के बारे में क्या सोचती है? रानी ने कहा, "अरे, वह तो मेरे साथ पढ़ता था, मैं तो जानती हूँ उसे!"

"यह तो अच्छी बात है, तुम्हें कैसा लगता है?" रानी कुछ बोली नहीं। इस पर भुवन ने फिर कहा, "यह रिश्ता कैसा रहेगा? क्या सोचती हो?" इस पर रानी सिर्फ मुसकराकर रह गई और पढ़ाई के दिनों में खो गई, जब वह और विशाल साथ-साथ रहते और घूमा करते थे। कभी-कभी घूमते-घूमते खेतों की तरफ निकल जाया करते थे। एक दिन वह उसे पिता की मिट्टी के बरतन बनानेवाली इकाई भी ले गया था, जो उसे काफी बड़ी लगी थी। रानी सोचने लगी कि विशाल में बुराई क्या है, बल्कि कुछ मायनों में अधिरथ से बेहतर है। इकलौता पुत्र है, पिता का पहले से व्यवस्थित और बहुत अच्छा काम है, आराम से रहेगी। और सबसे बड़ी बात कि वह तंदुरुस्त है और यहीं बस्ती के अंदर है; और बहुत हद तक उसका यह सोचना उचित था, जैसा कि उसका सजने-सँवरने का शौक और उसका स्वभाव था।

भुवन ने विशाल के रिश्ते के लिए बात चलाई। दयाल को पहले तो कुछ संकोच हुआ, पर फिर तुरंत तैयार हो गया। दयाल के दिमाग में पहले कहीं आनंदी से रिश्ते की बात थी, पर उसे अब जब यह अहसास हो गया था कि अब ऐसा नहीं हो सकता था तो वह फौरन तैयार हो गया। दयाल पहले सोचता

था कि अगर विशाल का रिश्ता किसी तरह आनंदी से हो जाए तो उसका बेटा विशाल रईस शोम का दामाद हो जाएगा।

16

शुरुआत में, गाँव के लोगों को अलग-थलग इलाकों में स्थानांतरित करने का निर्णय बहुत ही चुनिंदा प्रक्रिया थी। यह उच्च वर्ग के संक्रमित लोग थे, जिन्हें गाँव से बाहर रहने के लिए कहा गया था, लेकिन जल्द ही जिस किसी में भी लक्षण दिखे, उन्हें तुरंत गाँव छोड़ने के लिए कहा गया। धीरे-धीरे इन लोगों के लिए गाँव के बाहर रहने के स्थान कम होने के कारण उन्हें बसाना मुश्किल हो गया। लोगों में आक्रोश की एक सामान्य भावना भी थी। यह किसी के लिए आसान नहीं था कि अपने घर-गाँव से दूर रहा जाए। यदि यही पर्याप्त नहीं था तो कुछ लोगों ने झूठे आरोप लगाने शुरू कर दिए, जो दूसरों को केवल पुराने स्कोर को निपटाने के लिए संक्रमित होने की घोषणा करते थे!

17

एक तरफ तो गाँव के बाहर अलगाव में रहने के लिए संक्रमित लोगों के लिए स्थान कम पढ़ने लगे तो दूसरी तरफ संक्रमण का असर कुछ कम होने से लोग थोड़ा बेफिक्र भी होने लगे। कुछ लोगों ने मिलना-जुलना भी शुरू कर दिया और शादी आदि के छोटे-मोटे आयोजन भी होने लगे। हालाँकि, संक्रमण से बचने के लिए अभी भी कोई दवा नहीं थी, लेकिन फिर भी लोगों के दिल से भय निकलने से सावधानियाँ बरतने में ढिलाई होने लगी थी। इससे एक बार फिर संक्रमण जोर पकड़ने लगा और तब जाकर लोगों को समझ में आया कि सावधानियाँ बरतना कितना जरूरी है, लेकिन तब तक देर हो चुकी

थी और लोग फिर से संक्रमण की चपेट में तेजी से आने लगे। लोग जब तक सँभलते, संक्रमण दोगुनी तीव्रता से फैलने लगा।

धीरे-धीरे यह बीमारी पूरे टाउनशिप में फैल गई और गंभीर आपदा में बदल गई। संक्रमित होना और गाँव से बाहर भेजना एक नियमित मामला बन गया। बाहर के कुछ बाशिंदे धीरे-धीरे अपने दम पर रोग प्रतिरोधक क्षमता विकसित करके बच गए। सालों तक चली बीमारी की इस लहर में कई लोगों की मौत हो गई।

18

यह उन लोगों के लिए एक वास्तविक समस्या थी, जो जीवित थे और पीछे रह गए थे, कि वे मृतकों को दफनाने के लिए इतने शवों का निपटान कैसे करें? बस्ती के लोग अपने संबंधियों के बारे में पूछते तो थे पर दूर से; बाहर आकर कोई देखना नहीं चाहता था।

"ओह, इनमें से तो बुरी तरह से बदबू आ रही है," किसी ने टिप्पणी की।

"लेकिन करना क्या है? इतने लोगों को तो दफन भी नहीं किया जा सकता! इसके अलावा यदि हम शवों को स्थानांतरित करते हैं तो हम उनके संपर्क में आएँगे," किसी और ने चेतावनी दी।

"लेकिन हमें कुछ तो करना ही होगा, अगर हमें यहाँ रहना है।"

"मुझे लगता है कि केवल एक ही विकल्प बचा है, इन शवों को एकसाथ जलाने की कोशिश करें, अगर वे जलते हैं!"

इस तरह उन सभी शवों का अग्नि में सामूहिक दाह कर दिया गया।

शायद, इस तरह दफन करने के अलावा मृतकों का दाह संस्कार करने की भी प्रथा शुरू हुई होगी।

19

जब महामारी समाप्त भी हो गई, तो भी बस्ती में कोई भी बीमारी के डर से, बाहर के निवासियों या उनके वंशजों को वापस लेने के लिए तैयार नहीं था। यहाँ तक कि अपने स्वयं के रिश्तेदारों का भी स्वागत करने को भी तैयार नहीं था। संक्रमित होने की चिंता इतनी अधिक थी कि खून के रिश्ते भी कस्बेवालों के फैसले को प्रभावित नहीं कर सके। रानी-विशाल जैसे बहुत से लोग तो ऐसा सोचने के भी खिलाफ थे।

धीरे-धीरे मुख्य बंदोबस्त से बाहर किए गए लोगों की आर्थिक स्थिति आजीविका के किसी स्रोत के अभाव में बिगड़ने लगी। बाहर के निवासी इस भेदभावपूर्ण व्यवहार को लेकर बहुत उत्तेजित हो गए। वे बड़बड़ाते हुए कहने लगे, "हम सब यहाँ मुख्य बस्ती के बाहरी इलाके में बसे हुए हैं।…क्या हम उचथल में हैं, जिसका अर्थ है एक उन्नत स्थान? आह, यह कितनी उन्नत जगह है?…नहीं, यह मृतकों का स्थान है; लोथल कहलाने के लिए अधिक उपयुक्त, जिसका शाब्दिक अर्थ है मृतकों का स्थान।…आइए, हम आज से बाहरी बस्ती को केवल लोथल के रूप में जानने का आह्वान करते हैं…" एक दिन वे गाँव के बाहर एकत्रित हो गए और चिल्लाने लगे, "हम अंदर क्यों नहीं बस सकते? हम इस तरह से कब तक जी सकते हैं? हमारे पास जीवित रहने का कोई साधन नहीं है।"

"आप इस तरह से हमसे अछूतों सा व्यवहार नहीं कर सकते हैं!" माधो नाम के एक आदमी ने चिल्लाया।

कुछ अधिक आक्रामक लोगों ने अपनी बाहें चढ़ा लीं, "अगर हमारे प्रति आपका यही रवैया जारी रहता है तो हम आपको भी जीने नहीं देंगे!"

दोनों पक्षों में अधिक परिपक्व और बुजुर्ग लोगों में से कुछ में बेहतर समझ पैदा हुई। उनकी मध्यस्थता के साथ, यह निर्णय लिया गया कि कुछ और समय के लिए निष्कासित लोगों को शहरवासियों द्वारा उनके निर्वाह के लिए और समर्थन दिया जाएगा।

लेकिन माधो इससे संतुष्ट नहीं था। "कब तक हमें मदद की पेशकश की जाएगी?"

जो लोग इकट्‌ठे हुए थे, उन्होंने उसे शांत किया, "रोजगार के कुछ स्रोत बाहरी बसनेवालों के लिए तय किए जाते हैं।"

इसके बाद कुछ व्यवसायों और कार्यों, जैसे कि खेतों की कटाई और सफाई, जिसमें एक-दूसरे के करीब आने की आवश्यकता नहीं थी, बाहरी बस्ती के निवासियों के लिए तय किए गए।

लेकिन माधो इस व्यवस्था से भी खुश नहीं था। "ये कार्य प्रकृति में बहुत सीमित हैं। मुझे इनमें से किसी में भी कौशल नहीं है। हमारे लिए और अधिक काम निर्धारित किए जाने चाहिए," उसने माँग की, जो तर्कसंगत भी थी।

"ठीक है, आपको तब तक समर्थन दिया जाएगा, जब तक आप किसी अन्य कौशल को नहीं सीखते," मध्यस्थ ने फौरन जवाब दिया।

माधो मन-ही-मन इस बयान पर चुटीले अंदाज में हँसा, 'मैं तब तक कुछ भी क्यों सीखूँगा, जब तक मुझे समर्थन मिलता है?'

माधो ने इस बातचीत को छोड़ दिया, यह जानते हुए कि अब बाजी पलट चुकी थी और यह एक ऐसी स्थिति थी, जिसका वह लाभ उठा सकता था। यहाँ तक कि उसने दूसरों के मन में भी जहर घोलने की कोशिश की, लेकिन किसी ने भी उसे गंभीरता से नहीं लिया। धीरे-धीरे, बाहर के बाशिंदों ने उनके लिए नामित विभिन्न नौकरियों तथा कुछ अन्य नौकरियों को ले लिया, जिनमें शारीरिक रूप से दूसरों के करीब होने की आवश्यकता नहीं थी।

20

लेकिन चीजें अभी भी सामान्य नहीं थीं। भले ही संक्रमितों की संख्या कम हो गई थी, पर डर बहुत अधिक जीवित था। मुख्य गाँव का कोई भी व्यक्ति बाहरी बस्ती के निवासियों की नई पीढ़ी को शिक्षित या नया कौशल

सिखाने के लिए तैयार नहीं था और इस तरह व्यापक अशिक्षा और उससे उत्पन्न होनेवाली सभी बुराइयाँ शुरू हो गईं।

एक तरफ अशिक्षा और दूसरी तरफ रोजगार की कमी से लूटपाट की भी घटनाएँ बढ़ गई थीं। बाहर की बस्ती में गाँवोंवालों के प्रति रोष भी बहुत था।

एक दिन जब भुवन पास के गाँव से रोगी को देखकर लौट रहा था तो उसे बस्ती के बाहर लूटपाट के इरादे से घेर लिया गया। "लूट लो। भागने न पाए।" उनमें से एक, जो ज्यादा आक्रामक दिख रहा था, पहचानकर बोला, "अपने को चिकित्सक बनता है, मजे करता है और हमको यहाँ सड़ने को छोड़ दिया है! लूट लो।" यह लल्लन था, जो भुवन को पहचान गया था, पर गनीमत रही कि तभी संयोग से उधर से अधिरथ निकला और भुवन को बचा लिया। अधिरथ से बातचीत में भुवन को पता चला कि कैसे अधिरथ और आनंदी ने चिकित्सा व्यवस्था कर रखी है और वे लोग एक बच्ची के माता-पिता बन गए हैं।

भुवन ने, जो अब रानी-विशाल और उनके बच्चे के साथ ही रहता था, जाकर रानी को बताया कि कैसे उसे बस्ती के बाहर लूटनेवालों ने घेर लिया था और कैसे अधिरथ ने उसे बचाया।

21

जैसे-जैसे साल बीतते गए, गाँव की सीमा से बाहर की कॉलोनी के बहुत से लोग मुख्य ग्रामीणों के लिए कटाई करने लगे। बदले में उन्हें कृषि उपज का एक हिस्सा मिलता था। एक दिन अनजाने में नदी के किनारे पर कटाई करते समय उपज में भूसी की तरह कोई चीज मिली। नदी का पानी हाल के उफान में भरने के बाद उतर चुका था।

"यह क्या है?" उनमें से एक जिज्ञासा में चिल्लाया।

"मुझे यकीन नहीं है। यह दूसरी उपज से अलग दिखता है। नदी के दूसरे तरफ के क्षेत्रों से भी किसी ने कभी इस तरह की चीज देखने की सूचना नहीं

दी है। मुझे पता नहीं यह क्या है?" एक टिप्पणीकार ने कहा, "आइए, देखें कि अंदर क्या है और इसका स्वाद क्या है!"

"उपज का बाहरी आवरण ऐसा लगता है कि यह ज्वलनशील होगा," किसी और ने कहा।

जल्द ही, उन्हें पता चला कि वे भूसी के अंदर का अनाज खा सकते हैं और भूसी को जलाया भी जा सकता है। चूँकि वे जानते थे कि मुख्य गाँव के निवासी इस तरह के उत्पाद के बारे में अनजान होंगे, इसलिए उन्होंने अपनी खोज उनके साथ साझा नहीं करने का फैसला किया। उसे वे स्वयं अपने लिए ही रखना चाहते थे, जो उन्होंने अलग से पाया था। हालाँकि जब वे यह निश्चित करने में असमर्थ रहे कि उपज को आपस में कैसे विभाजित किया जाए, तो उनमें से एक ने इसके बारे में क्षेत्र के मालिक को यह सोचकर बता दिया कि शायद उसे इस तरह ज्यादा हिस्सा मिल जाएगा। रानी को जब इस वाकिए का पता चला तो उसे इसमें भी बाहर के बस्तीवालों, विशेषतः आनंदी के हाथ होने की बू आई। आनंदी के खेतों, जो उसे अपने पिता शोम से विरासत में मिले थे, में भी कुछ लोग कटाई का काम करते थे, इसीलिए रानी को आनंदी पर और भी शक हुआ। उसे लगा कि यह बाहर की बस्ती वाले आनंदी के साथ मिलकर नए उत्पाद की उपज को अपने तक ही सीमित रखना चाहते थे। उसने गाँववालों को इस बात पर भड़काने की कोशिश की। पर बाहर की बस्तीवाले, जिनमें गाँवोंवालों के प्रति पहले से ही बहुत रोष था, इन आरोपों पर एकदम से आगबबूला हो गए और कटाई छोड़ने तक की धमकी दे दी। हालाँकि पहले तो जानकारी छुपाने के लिए क्षेत्र के मालिक को गुस्सा तो बहुत आया, पर वह यह सोचकर खून का घूँट पीकर रह गया कि उसको उन लोगों के निकट संपर्क में नहीं आना है, शारीरिक दूरी बनाए रखनी है और दूसरे, कहीं वे लोग कहा-सुनी में कटाई न छोड़ दें! पर इस पूरे प्रकरण का एक फायदा हुआ कि भूसी के गुणों को देखते हुए इसके पैदावार की सोची गई और जल्द ही इस उत्पाद की भी नियमित खेती शुरू कर दी गई। इसने विशेषतः दो मुद्दों पर जीवन को बेहतर बनाया—इसने उनके समग्र

कृषि उत्पादों को बढ़ाने में मदद की और वे आग पैदा करने के लिए उसकी भूसी का उपयोग कर सकते थे। सबसे अच्छा, इसका अनाज पौष्टिक था, जो उनके मुख्य आहार का हिस्सा बन गया।

संभवतः, इस तरह चावल की फसल की शुरुआत हुई।

22

जैसे-जैसे समय बीतता गया, उचथल के बाहर रहनेवाले लोगों ने एक अलग जीवन-शैली और सामाजिक मानदंड अपना लिये और वो अपने आप में एक अलग समूह और वर्ग बन गए।

चूँकि यह लोग ऐसे वातावरण में पले-बढ़े थे, जहाँ साधन नहीं के बराबर, बहुत ही सीमित थे, इनमें जिंदगी की मुश्किलों में जीने और उनका सामना करने की अलग क्षमता विकसित हो गई। परिस्थितियोंवश यह लोग बहुत मेहनती और जुझारू हो गए।

23

यहाँ तक कि दशक दशकों में बदल गए और समय ने अपने पहियों को बदल दिया, जैसा कि हमेशा होता है, लेकिन चीजें वास्तव में बाहरी कॉलोनियों के निवासियों के लिए नहीं बदलीं। वे लंबे समय से रोग-मुक्त थे, लेकिन तब भी मुख्य गाँव से कोई भी उनके करीब नहीं आना चाहता था। डर बहुत गहरा था। बाहर बसनेवालों में नई पीढ़ी इतनी भाग्यशाली नहीं थी कि सामान्य परिस्थितियों में वे जिस तरह की शिक्षा प्राप्त करते, वह कर सकें। अंततः यह जिम्मेदारी बाहर की बस्ती की पुरानी पीढ़ी ने ही युवा पीढ़ी को सिखाने के लिए खुद पर ले ली। उनमें से एक, बेशक, अधिरथ था। अपने हमउम्र साथियों और अपनी पत्नी आनंदी के साथ उन्होंने नई पीढ़ी को पढ़ाने

और विकसित करने की प्रक्रिया को गति दी। हालाँकि, कौशल और शिल्प कौशल विकसित करने पर जोर अधिक था, बजाय औपचारिक शिक्षण के। नई पीढ़ी के कुछ होशियार लोगों को सिविल वर्क, डिजाइनिंग, आर्किटेक्चर, बिजनेस हैंडलिंग, मेडिसिन जैसे उन्नत कौशलों में भी शिक्षित किया गया। उनमें से एक, संयोग से, माधो था, जिसे अधिरथ ने बहुत बुद्धिमान व्यक्ति के रूप में पहचाना। अधिरथ ने अपना ज्ञान और कौशल माधो को दे दिया, जो कुछ ही समय में एक प्रवीण चिकित्सक बन गया।

अधिरथ-आनंदी ने अपनी बेटी गीतिका को व्यवस्था प्रबंधन में प्रशिक्षित कर दिया।

कुछ समय के बाद, उचथल के बाहरी इलाके लोथल के लोग बेहतर कारीगरों के रूप में विकसित हो गए। उन्होंने अस्थि-श्रमिक, राजमिस्त्री, ईंट-भट्ठा कारीगर और मोची के रूप में उत्कृष्टता प्राप्त की।

24

जब यह बात, कि आनंदी और अधिरथ बाहरी बस्ती के लोगों को प्रशिक्षण दे रहे हैं, रानी और विशाल को पता लगी तो उन्हें बहुत नागवार गुजरा। रानी यह कभी सहन नहीं कर सकती थी और बीते दिनों की सोचने लगी, जब अधिरथ उसके पिता के साथ काम करता था···अधिरथ को तो शुरू से ही सेवा करने का जुनून था, वह दूसरों को सीखा भी सकता था, पर आनंदी के साथ तो ऐसा न था! हाँ, आनंदी को अपने पिता शोम के साथ काम करते हुए अच्छा अनुभव हो गया हो और अब अधिरथ के साथ, भले बिना मन के, काम करना पड़ रहा होगा!···रानी आनंदी के बारे में कभी अच्छा नहीं सोच सकती थी और उसको कभी सहन नहीं कर सकती थी, पर रानी को यह अच्छे से मालूम था कि यह उसके वश की बात नहीं है और वह और विशाल कभी भी अधिरथ और आनंदी की तरह प्रशिक्षण नहीं दे सकते हैं। इसलिए

रानी और विशाल ने अपने हाल में उच्च कौशल में प्रशिक्षित हुए बेटे अमर द्वारा प्रशिक्षण दिलवाने की बात सोची। इसकी शुरुआत उन्होंने अपनी इकाई के कारीगरों को प्रशिक्षण देकर शुरू करने की सोची पर कारीगरों में उत्साह के अभाव में ऐसा न हो सका। कारीगरों में उत्साह न होने का एक कारण उनका पहले से ही नौकरी में होना हो सकता है। इस वाकिए ने रानी की आग में घी डालने का काम किया।

25

काफी सोचने के बाद रानी ने तय किया कि किसी तरह से लल्लन से संपर्क किया जाए। इसके लिए उसने बस्ती में रह रहे लल्लन के रिश्तेदारों से संपर्क किया।

लल्लन ने लूटपाट का काम करते हुए बाहर की बस्ती की एक युवती से शादी कर ली थी, जिससे उसके एक बेटा मैकू था। लल्लन लूटपाट का गिरोह तो चलाता था, पर अब स्वयं शामिल नहीं होता था। यह संयोग ही था कि अब मैकू भी कौशल प्रशिक्षण ले रहा था। जब यह सारी बात रानी को पता लगी तो उसने लल्लन से मैकू के द्वारा प्रशिक्षण ले रहे और लोगों को भड़काने को कहा, क्योंकि रानी को मालूम था कि बाहरवालों में बस्तीवालों के प्रति अभी भी बहुत रोष है।

मैकू ने जब यह कहते हुए कि 'उन्हें बस्तीवालों की इकाइयों को चलाने के लिए तैयार किया जा रहा है' प्रशिक्षणार्थियों को भड़काने की कोशिश की तो सबने एक स्वर में कहा कि 'इससे क्या, कौशल-शिक्षण तो मिल रहा है, रोजगार तो मिलेगा।' उलटे लोगों ने मैकू का बहिष्कार करना शुरू कर दिया।

रानी की यह चाल भी बेकार हो गई और उसे मन मसोसकर रह जाना पड़ा।

26

गीतिका और माधो, चूँकि साथ-साथ प्रशिक्षण लेने से काफी समय साथ-साथ व्यतीत करते थे, बहुत करीब आ गए। एक दिन जब गीतिका की तबीयत थोड़ी ठीक नहीं थी तो उसने अपने पिता अधिरथ से परामर्श लेने के बजाय बातों-बातों में माधो से जिक्र कर दिया। माधो ने नाड़ी देखकर उसे पूर्ण विश्राम की सलाह दी। अधिरथ ने भी जाँचने पर पूरा आराम करने को कहा। माधो ने उसकी देख-रेख के लिए एक लड़की को भी लगा दिया।

कुछ समय बाद गीतिका को ऐसा लगा, जैसे कि माधो उस लड़की से काफी घनिष्ठ हो रहा था। यह गीतिका को अच्छा नहीं लगा और वह जल्दी स्वस्थ होने की सोचने लगी, ताकि लड़की को हटाया जा सके। एक बार उसने यह बात माधो से पूछने की कोशिश भी की, पर माधो टाल गया। जल्दी गीतिका ठीक हो गई।

गीतिका और माधो ने भी अधिरथ-आनंदी के साथ काम देखना शुरू कर दिया। प्रशिक्षण समाप्त होने पर दोनों ने सबकी सहमति से जीवन-बंधन में बँधने का फैसला किया।

27

यह महसूस करते हुए कि बाहर बसे लोग बेहतर कारीगर हैं, कुछ शहरवासियों ने शेल और मनके के आभूषण, ताँबा और कांस्य के बरतन और अर्ध-कीमती पत्थरों जैसे उत्पादों का निर्माण शुरू करने के लिए इकाइयाँ स्थापित करने के बारे में सोचा। उन्होंने लोथल की बाहरी बस्ती के इन कारीगरों के कौशल का उपयोग करने का फैसला किया। जब ये इकाइयाँ स्थापित की गईं तो लोथल के कारीगरों को योग्य व्यक्तियों के मार्गदर्शन और देख-रेख में व्यवसाय स्थापित करने में मदद करने के लिए नियुक्त किया

गया। कुछ बेहतर चिनाई करनेवाले श्रमिकों ने योग्य पर्यवेक्षक के तहत काम करते हुए सिविल वर्क की पेचीदगियों और कौशल को सीख लिया। धीरे-धीरे ये इकाइयाँ पूरी तरह से कार्य करने लगीं। उचथल और इसके आसपास के इलाकों में इनके उत्पादों का व्यापार शुरू हो गया; जो कुछ समय बाद आसपास के गाँवों में भी पहुँच गया। जैसे-जैसे कौशल और प्रौद्योगिकी विकसित हुई, यह उत्पाद दूरदराज के क्षेत्रों में नदी-परिवहन की मदद से पहुँच गए। नदी बस्ती से थोड़ी दूरी पर थी और बस्ती से नदी तक सामान ले जाना सभी तरह से बोझिल था, लेकिन यह प्रयास सार्थक था, क्योंकि व्यापार फल-फूल रहा था, खासकर उन उत्पादों के लिए, जो उत्तम थे और आसानी से कहीं और उपलब्ध नहीं थे। व्यापार में वृद्धि और उसके परिणामस्वरूप आय में वृद्धि के साथ जीवन की गुणवत्ता में सुधार न केवल यूनिट मालिकों को हुआ, बल्कि वहाँ काम करनेवाले कारीगरों को भी हुआ। इसने लोथल श्रमिकों की आकांक्षाओं को उभारा, जिन्होंने अपनी बस्ती में सुधार के लिए और अधिक तरीके सोचने शुरू कर दिए। कुछ अधिक उद्यमी श्रमिकों ने इसे आगे बढ़ाने के लिए एक समूह भी बना लिया।

28

उधर गाँव में कुछ लोग ऐसे भी थे, जिन्हें यह सब विकास दो कारणों से फूटी आँख नहीं सुहा रहा था। एक तरफ तो वे बाहरी बस्ती के लोगों के कार्य-कौशल से अचंभित थे और दूसरी तरफ इनके कारण नई इकाइयों के स्थापित होने से प्रतिस्पर्धा बढ़ रही थी और उनका दबदबा कम हो रहा था। इन्हीं लोगों में एक मिट्टी के बरतन बनानेवाली इकाई के मालिक विशाल और उसका बेटा अमर थे। यह लोग कभी नहीं चाहते थे कि बाहरी बस्ती के लोग कौशल प्राप्त करके आगे बढ़ें और फिर बस्ती की इकाइयों में काम करके इनकी प्रतिस्पर्धा बढ़ाएँ। इन लोगों ने यह कहकर कि 'बाहर की

बस्तीवाले कारीगरों के कारण गाँववालों के लिए नौकरी के अवसर कम हो रहे हैं,' बखेड़ा खड़ा करने की कोशिश की। इन्होंने गाँव के कारीगरों को भी भड़काने की कोशिश की, पर विकास की गति देखते हुए गाँववालों के आगे इनकी एक न चली।

~•~

29

अब जब व्यापार दूरदराज से होने लगा तो मिट्टी के बरतन बनानेवाली इकाई का सामान भी दूर-दूर तक जाने लगा। इसी सिलसिले में इकाई के मालिक विशाल का बेटा अमर दूसरे शहरों को जाने लगा। पहले तो वह कभी-कभी जाता था, पर अचानक से जब वह पास की जगह मीठेपुर जल्दी-जल्दी जाने लगा तो रानी का माथा ठनका और उसे दाल में कुछ काला नजर आया। उसने अपने पति विशाल से बात की और यह तय हुआ कि इस बार अमर के पीछे-पीछे विशाल भी जाएगा।

इस बार जब विशाल भी अमर के पीछे-पीछे मीठेपुर पहुँचा तो पता चला कि अमर की वहाँ के मुखिया, जिसका व्यापार भी था, की बेटी से आँखें चार हो गई हैं और इसीलिए वह उससे मिलने जल्दी-जल्दी मीठेपुर जाता रहता था।

इस पर जब विशाल ने आश्चर्य और विरोध जताया तो मुखिया ने कहा कि वह समझ रहा था कि विशाल को यह मालूम होगा। इस पर विशाल के मुँह से कहीं यह निकल गया...पहले तो फँसाते हैं...जिस पर बात बढ़ गई। यह तो गनीमत रही कि माधो भी इलाज करने के सिलसिले में वहाँ आया हुआ था और उसने बात आगे बढ़ने से पहले ही सँभाल ली।

उचथल पहुँचने पर जब रानी को पता चला तो वह आगबबूला हो गई, पर अमर पर कोई फर्क नहीं पड़ा। उसने एकदम शांत भाव से कहा कि अगर उन लोगों को आपत्ति है तो वह मीठेपुर जाकर रहने लगेगा।

रानी अपने समय के बारे में सोचने लगी और उसे ऐसा लगा, जैसे ऐसा होता रहता है। काफी सोचा-विचारी के बाद रानी-विशाल ने अमर का रिश्ता मीठेपुर कर दिया।

~•~

30

इधर एक दिन लल्लन का बेटा मैकू, जो मिट्टी के बरतन बनानेवाली इकाई में काम करता था, अचानक से बहुत बीमार पड़ गया। जब और उपचार करने के बाद ठीक नहीं हुआ तो लल्लन ने अधिरथ-माधो को दिखाने की सोची, क्योंकि वह अच्छे से समझता था कि किस तरह अधिरथ ने उसे बचा लिया था।

अधिरथ-माधो के उपचार में वह कुछ ही दिनों में स्वस्थ हो गया और लल्लन एक बार फिर अधिरथ का आभारी हो गया। रानी को मैकू का अधिरथ से उपचार करवाना पसंद नहीं आया और मैकू की जगह इकाई में किसी और को रख लिया।

मैकू माधो का सहायक बन गया। लल्लन ने अब लूटपाट का काम छोड़ दिया था।

~•~

31

जब उचथल के शहर वासियों और लोथल के बाहरी निवासियों के बीच संपर्क और बातचीत अधिक नियमित हो गई तो शहर के कुछ पुरुष बाहर की बस्ती की महिलाओं की ओर आकर्षित हो गए। ऐसे ही युवाओं में से एक था अक्रूर, एक अभिजात्य व्यापारी का बेटा, जो बीड-मैन्युफैक्चरिंग यूनिट चलाता था। अक्रूर उसकी मनका-निर्माण इकाई में काम करनेवाली एक लड़की माधवी का दीवाना हो गया। माधवी एक सुंदर और बुद्धिमान लड़की

थी, जो सीमाओं के पार गाँव की थी। संयोग से, माधवी माधो की संबंधी थी।

अक्रूर और माधवी धीरे-धीरे एक-दूसरे के साथ अधिक-से-अधिक समय बिताने की कोशिश करने लगे। जब भी अवसर मिलता, वह एकांत खोजने की कोशिश करते; पर एकांत का यह क्षण खोजना आसान नहीं था। लेकिन ऐसे ही एक दिन, जब महिला भाग्य उनके पक्ष में था, अक्रूर और माधवी कमरे में दिल से बातचीत करने में कामयाब रहे।

"हमारे साथ ऐसा व्यवहार क्यों किया जाता है?" माधवी ने आश्चर्य से पूछा। उसकी आवाज में दु:ख साफ झलक रहा था।

"आपके पूर्वजों की वजह से," अक्रूर ने कहा। "आपके पूर्वज संक्रामक बीमारी से संक्रमित हो गए होंगे और फिर उन्हें अलगाव में भेज दिया गया होगा!"

"लेकिन यह बहुत पहले की बात है, लगभग आधी सदी पहले की, तब से एक पीढ़ी से अधिक समय बीत चुका है, लेकिन हमारे साथ अब भी अछूतों की तरह व्यवहार किया जाता है।" माधवी ने दूर देखा।

"सही कह रही हो," अक्रूर सहमति में बोला। "शुरू में, यह बीमारी को पकड़ने का डर रहा होगा, लेकिन फिर धीरे-धीरे यह समय की अवधि के साथ रिवाज बन गया होगा।"

"क्या आपको नहीं लगता कि यह बहुत अधिक है? इसमें हमारी कोई गलती भी नहीं है, फिर भी हमारे साथ बुरा व्यवहार किया जा रहा है!"

"हाँ, हमें अब इसे रोकना चाहिए। हमें इस तरह के भेदभाव का विरोध करना चाहिए," अक्रूर ने दृढ़ संकल्प से कहा।

32

जैसे-जैसे अक्रूर और माधवी के बीच संबंध मजबूत होते गए, अक्रूर काम में पिछड़ने लगा। अक्रूर के पिता ने उन्हें प्रताड़ित भी किया, लेकिन

इससे अक्रूर को कोई फर्क नहीं पड़ा और उन्होंने अपने रास्ते नहीं बदले। अक्रूर के पिता ने पूरी कोशिश की, लेकिन कुछ भी नहीं कर सके, क्योंकि अक्रूर माधवी का पीछा करने पर तुला था और माधवी के साथ उचथल छोड़ने की धमकी दे रहा था।

इस तथ्य के बावजूद कि बीमारी लगभग समाप्त हो गई थी, मुख्य गाँव के निवासी बाहरी निवासियों के साथ कोई सीधा संबंध नहीं रखना चाहते थे। उन्होंने इस रिश्ते पर आपत्ति जताई। कुछ लोगों, जो अपनी पुत्री के रिश्ते के लिए अक्रूर पर नजर लगाए हुए थे, को यह कहते हुए सुना गया कि क्या गाँव में लड़कियाँ नहीं थीं? जब अक्रूर ने उनकी सलाह पर ध्यान नहीं दिया, तो उसे भी शहर से बाहर कर दिया गया। उसने माधवी से शादी कर ली और उसके माता-पिता के साथ लोथल के बाहरी इलाके में रहने लगा।

शायद, यह समाज में मातृसत्तात्मक व्यवस्था की शुरुआत थी।

~•~

33

अक्रूर-माधवी की शादी के बाद जब माधो ने गीतिका को उनसे मिलवाया तो गीतिका के आश्चर्य का ठिकाना नहीं रहा कि माधवी ही वह लड़की थी, जिसने उसकी बीमारी के दौरान देखभाल की थी। माधो गीतिका का आश्चर्य का भाव देखकर, हँसकर बोला, "हाँ, माधवी ने ही तुम्हारी देखभाल की थी, पर उस समय मैंने तुम्हें इसलिए कुछ नहीं बताया था, क्योंकि मैं मनोचिकित्सा करके देखना चाहता था और तुम्हें मनोचिकित्सा से जल्दी स्वस्थ करना चाहता था और जो हुआ भी!"

आज गीतिका ने देख-रेख के लिए माधवी का आभार प्रकट किया। गीतिका पूरी बात का खुलासा होने और माधवी को धन्यवाद देकर आज बहुत हलका महसूस कर रही थी।

~•~

34

चूँकि अक्रूर को उचथल की बस्ती में प्रवेश करने की अनुमति नहीं थी, उसने उचथल के बाहर लोथल में ही मोतियों का काम शुरू कर दिया, हालाँकि बहुत छोटे स्तर पर। अपने पिता के व्यवसाय से उसके पास मौजूदा काम का ज्ञान था और माधवी का संबंधी होने से माधो-गीतिका का सहयोग भी प्राप्त था। धीरे-धीरे, उसके काम का विस्तार होने लगा; कुछ अन्य लोग उसके साथ शामिल हो गए, क्योंकि कारीगरों की कोई कमी नहीं थी। जल्द ही, वह एक सुव्यवस्थित मनका कारखाने का नेतृत्व करने लगा और उन उत्पादों के लिए एक सीधा प्रतियोगी बन गया, जो उसी ही के गाँव में बनाए और बेचे जाते थे, जहाँ से उसे बाहर निकाला गया था! अपने पहले के संपर्कों के बल पर उसने गाँवों के बाहर कस्बों और शहरों के साथ संबंध स्थापित किए और उनके साथ व्यापार करना शुरू कर दिया। इस सबसे पहले से ही नाराज उचथल के शहरवासी और खफा हो गए।

जब एक बार उसका काम सुव्यवस्थित हो गया तो अक्रूर ने माधवी को चाँदी के गहने देने के बारे में सोचा। लेकिन जब शहर के व्यापारियों ने उसे गहने बेचने से मना कर दिया तो उसने इसे एक चुनौती के रूप में लिया और तुरंत उन्हें अपने दम पर बनाने का काम शुरू कर दिया। वह शहर के कारीगरों, जो अब तक बाहर की बस्ती में काम करने के इच्छुक हो चुके थे, को लुभाकर एक निर्माण इकाई स्थापित करने में सफल हुआ। समय के साथ उन्होंने अपनी उत्पादन लाइन में और अधिक प्रकार के आभूषणों को जोड़ा, जिससे उचथल के बाहर लोथल में पहली पूर्ण चाँदी के वस्तु निर्माण इकाई की स्थापना हुई। इकाई में बने यह चाँदी के आभूषण लोगों को बहुत पसंद आए और दूर-दूर तक जाने लगे। एक बार फिर शहर के व्यापारियों को मुँह की खानी पड़ी। यह आभूषण इतने अच्छे थे कि सबकुछ होने के बावजूद भी रानी को बहुत पसंद आए।

35

जब अक्रूर और माधवी के यहाँ एक बच्चे का जन्म हुआ तो उन्होंने बच्चों के लिए कुछ मिट्टी के खिलौने बनाने की सोची। माधवी ने बस्ती की एक मिट्टी की बरतनों की इकाई से कुछ मजदूरों को लेने का सुझाव दिया और अक्रूर को उसकी पुरानी दोस्त कादंबरी की याद दिलाई, जो मिट्टी से बने उत्पाद बनाने में कुशल थी। अब तक, बाहर की बस्ती में शिफ्ट करना बहुत बड़ी बात नहीं मानी जाती थी। आदमी हमेशा हरियाली की तलाश में रहता है। मिट्टी के खिलौने की इकाई शुरू करने के लिए उन्होंने अधिक पैसे की पेशकश कर कादंबरी, उसके पति साहिल और मिट्टी के बरतन बनाने की इकाई के कुछ अन्य कुशल-श्रमिकों से हाथ मिलाया। जैसे-जैसे काम बढ़ता गया, अक्रूर कादंबरी के प्रति नरम व्यवहार करने लगा।

जब माधवी को इस बात का अहसास हुआ तो उसकी अक्रूर से एक कड़वी बहस छिड़ गई। माधवी ने अक्रूर पर उसे धोखा देने का आरोप लगाया—"यदि आप मेरे लिए दीवाने हो सकते हैं तो आप किसी के लिए भी दीवाने हो सकते हैं!" उसके चेहरे पर क्रोध भड़क रहा था।

अक्रूर ने खुद को बचाते हुए कहा, "तुम बहुत गलत हो! यह तुम्हारी सड़ी हुई सोच के अलावा और कुछ नहीं है। तुम इसे कभी समझ नहीं पाओगी कि जो काम पर है, उसके लिए हमें विनम्र होना होगा। हम इन लोगों को अपने यहाँ काम में लाने में कामयाब रहे हैं। यह एक बड़ी बात है और एक छोटा सा कारण उन्हें छोड़ने के लिए पर्याप्त हो सकता है। हम अभी भी चीजों को स्थापित करने की प्रक्रिया में हैं। हमारे पास और करने के लिए बहुत कुछ है। हमारे साथ कादंबरी जैसे लोगों के होने से ही हमें मदद मिलेगी।"

साहिल और कादंबरी के बीच चीजें बहुत अच्छी नहीं थीं। साहिल को भी लगा कि उसकी पत्नी और अक्रूर के बीच कुछ चल रहा है। जब साहिल ने यह बात कादंबरी से छेड़ी तो कादंबरी ने उसे एक झाड़ लगाई। साहिल ने

वहाँ और वहीं फिर एक फैसला लिया। उसने कहा, "हम अपनी पूर्व इकाई के लिए रवाना होंगे।"

लेकिन कादंबरी ने कहा, "आप जो करना चाहें, वह कर सकते हैं, लेकिन मैं कहीं नहीं जाऊँगी।"

साहिल ने इसके लिए अक्रूर को दोषी ठहराया, आरोप लगाया कि अक्रूर की वजह से ही उसकी पत्नी ने उसे सुनना बंद कर दिया है।

जब माधवी को साहिल और कादंबरी के बीच इस झगड़े के बारे में पता चला और साहिल ने अक्रूर के खिलाफ आरोप लगाए, तो उसने कादंबरी पर अपनी सारी भड़ास निकाल दी और उसे बाहर निकाल दिया। साहिल और कादंबरी दोनों उस स्थान पर वापस चले गए, जहाँ उन्होंने पहले काम किया था।

उनके निकलने के साथ, मिट्टी खिलौना निर्माण-इकाई धीरे-धीरे बंद हो गई। कुछ समय बाद, इसे शहर के उसी बरतन बनानेवाली इकाई के पुराने मालिक ने अपने कब्जे में ले लिया, जिसने अब इस इकाई में मिट्टी के खिलौने भी बनाने शुरू कर दिए। इस प्रकार, बाहर की बस्ती लोथल में मुख्य गाँव के लोग बड़ी संख्या में अस्तित्व में आ गए।

बहुत बाद में, अक्रूर और माधवी को मैकू द्वारा पता चला कि यह सभी पूर्व नियोजित षड्यंत्र था, जिसे अक्रूर की सफलता रोक देने के लिए बस्ती के व्यापारियों के साथ मिलकर मिट्टी के बरतनों की इकाई मालिक विशाल और उसके बेटे अमर द्वारा बनाया गया था।

दिन और महीने बीतते गए और जीवन आगे बढ़ता गया।

36

इस बीच, एक बाढ़ आई, जिसने कस्बे के साथ-साथ बाहरी बस्ती को भी प्रभावित किया। चूँकि कस्बे की तुलना में बाहर की बस्ती उच्च स्तर

पर थी, इसलिए नुकसान अपेक्षाकृत कम था। लोथल के कुछ निवासियों ने बाढ़ के पानी को रोकने के लिए अपने आवासों के चारों ओर एक प्रकार की मुड़गेर को खड़ा कर दिया था। जब बाढ़ का पानी उतर गया तो बाहरी बस्ती के लोगों ने सोचा यदि बस्ती का जमीनी-स्तर उठा दिया जाए और चारों तरफ दीवार खड़ी कर दी जाए तो भविष्य में बाढ़ को रोका जा सकता है। चूँकि लोथल की इस बाहरी बसावट में समय-समय पर बिना किसी योजना के वृद्धि हुई थी—इसका विस्तार तब हुआ था, जब लोग शहर से निष्कासन के बाद वहाँ बसते गए थे—क्षेत्र में कोई संरचना नहीं थी। लोथल में बाहर बसनेवालों की नई पीढ़ी, हालाँकि किसी भी कीमत पर बदलाव लाने के लिए आतुर थी, और इसी क्रम में अपने आवास के क्षेत्र में एक उचित संरचना लाने के तरीकों और साधनों के बारे में सोचना शुरू कर दिया। वे किसी भी हद तक जाने के लिए तैयार थे। आक्रामक बहस के बाद अंतिम निर्णय यह हुआ कि बस्ती को नए सिरे से विकसित किया जाए। लेकिन जैसा कि वे शुरू से अपनी संपूर्णता में रहते थे, उस स्थान को सुधारना काफी कठिन था। इसलिए उन्होंने एक नए क्षेत्र को विकसित करने का फैसला किया, जो योजनाबद्ध और व्यवस्थित तरीके से थोड़ी दूर स्थित हो। योजना और कार्यान्वयन के लिए एक पर्यवेक्षण समूह का गठन किया गया। पर्यवेक्षण के लिए गीतिका को भी शामिल किया गया। उसे महिलाओं के हिसाब से भी लेआउट देखने को कहा गया। समूह के गठन में उत्पाद इकाइयों के अनुभव को देखते हुए तेज-तर्रार अक्रूर को शामिल किया गया था। समूह में कुछ लोग, जो सिविल-वर्क में अधिक योग्य थे, उन्हें योजना और लेआउट को समझने के लिए आसपास के विकसित स्थानों पर जाने के लिए कहा गया। उन्होंने लेआउट के लिए व्यापारियों से भी परामर्श लिया और उपयुक्त विचार और संशोधनों के बाद योजना में उनके सुझावों को शामिल किया।

37

महीनों की योजना और मिट्टी पर प्रस्तावित लेआउट के रेखाचित्रों को खींचने के बाद, आखिरकार नई बस्ती को वर्गों में विभाजित करने का निर्णय लिया गया। प्रत्येक खंड को ऊँचा उठाने के लिए मिट्टी-ईंटों के एक विस्तृत मंच पर बनाया जाना था। उचित सड़कों, एक जल निकासी प्रणाली और स्नान प्लेटफार्मों की पंक्तियों की योजना बनाई गई। यह भी तय किया गया कि बेहतर पहुँच और प्रकाश व्यवस्था के लिए घरों में प्रवेश सामने से मुख्य सड़क से होगा।

मिट्टी के बरतन बनानेवाली इकाई के मालिक और मूल टाउनशिप के कुछ अन्य लोगों को यह विचार पसंद नहीं आया, क्योंकि नई टाउनशिप स्थापित होने के बाद कठिन व्यापार प्रतियोगिता का डर था। उन्होंने यह कहते हुए योजना को रद्द करने की कोशिश की कि इस तरह की एक विशाल महत्त्वाकांक्षी परियोजना को लागू करना संभव नहीं है। लेकिन अपने डिजाइनों में सफल नहीं हो सके, क्योंकि कोई भी इस तरह के विचार को जरा भी सुनने के मूड में नहीं था।

धीरे-धीरे, एक नई सुनियोजित बस्ती ने रूप ले लिया। नई बस्ती के आसपास एक मोटी दीवार भी खड़ी की गई, ताकि बाढ़ के पानी को घुसने से रोका जा सके। उन्होंने औपचारिक रूप से इस नई बस्ती का नाम लोथल रखने का फैसला किया। उचथल के कुछ शहरवासी, जो वैसे भी लोथल के बाहरी निवासियों से संबंधित थे, सीमा पार करके इस नए और अधिक वास्तुशिल्पीय क्षेत्र में आकर बस गए। इनमें कुछ बहुत ही विद्वान् और उच्च कुशल व्यक्ति भी शामिल थे। उन्होंने अपनी उत्पादन इकाइयों को भी इस नई टाउनशिप में स्थानांतरित कर दिया। उनमें से कुछ ने नई इकाइयाँ भी शुरू कर दीं। शोम के वंशज के बाकी लोग भी, जो कि आनंदी के रिश्तेदार थे, अपने कारोबार समेत सीमा पार करके लोथल में आकर बस गए। आकर बसनेवालों

में मिट्टी के बरतन बनानेवाली इकाई के मालिक भी थे, जिनकी मिट्टी के खिलौने बनानेवाली इकाई पहले से ही बाहरी बस्ती में थी। उन्होंने यहाँ इकाई स्थानांतरित होने के बाद टेराकोटा का सामान भी बनाना शुरू कर दिया। प्रारंभ में अक्रूर और माधवी ने उचथल के शहरवासियों के इस नए शहर में प्रवास का विरोध किया, लेकिन बाद में वे लोगों के व्यापक हितों में शांत हो गए।

नियमित बाढ़ से उत्पन्न एक अन्य समस्या कब्रों का बह जाना था। इस मुद्दे से निपटने के लिए लोथल के रचनाकारों ने केवल सबसे महत्त्वपूर्ण और उच्च माने जानेवाले लोगों को ही दफनाने और उनकी कब्रें दीवार वाली बस्ती के अंदर उठाए गए प्लेटफार्मों पर बनाने का फैसला किया; बाकी का अंतिम-संस्कार किया जाना था। श्मशान की राख को या तो धरती में गाड़ दिया जाना था या पास की नदी में विसर्जित कर दिया जाना था।

कुछ ही दशकों में उन स्थानीय लोगों, जिन्हें पहले मूल टाउनशिप से निष्कासित कर दिया गया था, द्वारा विकसित एक पूरी तरह से नियोजित नई टाउनशिप का आविर्भाव हुआ।

38

रहने की बेहतर स्थिति के साथ, लोथल के इस नए शहर के लोगों ने व्यापार पर ध्यान केंद्रित करना शुरू कर दिया। बाहरी दुनिया के साथ बेहतर व्यापार की सुविधा के लिए, उन्होंने महसूस किया कि नदी के माध्यम से एक नियमित कनेक्टिविटी प्रणाली मदद करेगी। हालाँकि वो पास की नदी के माध्यम से माल का परिवहन करते थे, यह नई टाउनशिप से थोड़ी दूरी पर थी। इसलिए आसान पहुँच के लिए बस्ती से नदी को एक पानी के चैनल से जोड़ने का निर्णय लिया गया।

राघव नाम के एक प्रतिष्ठित वास्तुकार को यह काम सौंपा गया, जिसके पूर्वज सीमा पार करके इस नई बस्ती में आने से पहले पुरानी बस्ती में कई इकाइयों के निर्माण और विकास में योगदान दे चुके थे। इसके अलावा मौजूदा प्राकृतिक बेसिन को डॉकयार्ड के रूप में विकसित करने का निर्णय लिया गया।

जल्द ही, एक कृत्रिम डॉकयार्ड विकसित हो गया, जो एक जल-चैनल के माध्यम से पास की नदी से जुड़ा हुआ था। यह स्थान इतना आकर्षक था कि शीघ्र ही यह स्थानीय लोगों के लिए दर्शनीय स्थल बन गया। शायद यह इतिहास में पहला कृत्रिम डॉकयार्ड था।

चूँकि नदी एक खाड़ी में गिरती थी, इस गोदी के माध्यम से प्रत्यक्ष समुद्री व्यापार लिंक दूरदराज के स्थानों के साथ स्थापित हो गए थे। इस चैनल के माध्यम से नियमित व्यापार के अलावा मनभावन और शौक की विभिन्न वस्तुओं का भी दूर देशों के साथ आदान-प्रदान किया जाता था।

39

नई बस्ती जहाँ छलाँग लगाते आगे बढ़ती गई, वहीं मूल बस्ती में आवर्ती बाढ़ और पड़ोसी क्षेत्रों से कठिन व्यापार प्रतियोगिता के कारण गिरावट शुरू हो गई। वहाँ रहने के लिए शायद ही कोई आकर्षण बचा था। इस तरह की स्थितियों से तंग आकर, अधिकतर लोग काम शुरू करने के लिए सीमा पार करके नई बस्ती आ गए, क्योंकि इसमें बेहतर कामकाजी और व्यापारिक बुनियादी ढाँचा था। केवल वे लोग, जिन्होंने इसे अपनी नियति मान लिया था, वे ही वहीं रह गए थे। एक दिन, एक विनाशकारी बाढ़ ने मूल बस्ती को जमीनदोंज कर दिया, जिससे अधिकांश आबादी की मौत हो गई। जो लोग जीवित रहने में कामयाब रहे, वे लोथल की नई बस्ती में भाग गए और वहीं बस गए।

40

उन्नत व्यापारिक बुनियादी ढाँचे की बदौलत लोथल ने कुछ व्यापारियों का ध्यान आकर्षित किया, जिनमें सिंधु घाटी सभ्यता के हड़प्पा व्यापारी भी शामिल थे। चूँकि हड़प्पावासी अधिक उद्यमी थे, उन्हें इस नए शहर में क्षमता की नई संभावना दिखी। लोगों का एक समूह जो सचमुच अपने ही गाँव से बाहर निकाल दिया गया था, अब एक संपन्न व्यापारिक केंद्र का हिस्सा बन गया था! जैसे-जैसे समय बीतता गया और व्यापार फलता-फूलता गया, कुछ हड़प्पावासी लंबे समय तक इस कस्बे में डेरा डालने लगे। उन्होंने स्थानीय रीति-रिवाजों को अपनाया और स्थानीय निवासियों को अपने सामाजिक, सांस्कृतिक और वित्तीय तरीकों से दो-चार कराया। कुछ जवान हड़प्पावासी स्थानीय महिलाओं के आकर्षण को रोक नहीं सके और उनके दीवाने हो गए। जब स्थानीय निवासियों को इन मामलों के बारे में पता चला, तो उन्होंने मुखर रूप से आपत्ति जताई। हड़प्पा व्यापारियों द्वारा अस्वीकृति को पसंद नहीं किया गया और उन्होंने व्यापार को पूरी तरह से रोकने की धमकी दी। अधिक आक्रामक हड़प्पा व्यापारियों को बाहर हटाने का अवसर देखकर, अन्य व्यापारी भी मैदान में कूद गए। उन्होंने स्थानीय लोगों को हड़प्पा के व्यापारियों को बाहर निकालने के लिए उकसाया, किसी भी परिस्थिति में बिना शर्त समर्थन का आश्वासन भी दिया।

41

लेकिन अभी, जब ये सब वार्त्ताएँ चल ही रहीं थीं, रुक्मणी नाम की एक युवती, जो गुजरे हुए वर्षों के रईस शोम की सीधी वंशज थी, अपने हड़प्पा के प्रेमी के साथ भाग गई। इससे पहले उस युवती की उस युवा हड़प्पा जादो के साथ आँखें तब चार हो गई थीं, जब वह एक दिन डॉकयार्ड के दर्शनीय स्थल पर टहल रही थी।

जादो एक बहुत ही खूबसूरत-गोरा लंबा-तगड़ा जवान था। रुक्मणी पहली ही नजर में उस पर फिदा हो गई। जादो अभी दूसरी ही बार लोथल आ रहा था और अकेला पहली ही बार आ रहा था। इससे पहले वह बहुत कम समय के लिए अपने पिता के साथ आया था, इसलिए शायद वह कुछ सहमा सा था। उसके साथवालों ने जब रुक्मणी से कुछ पूछना चाहा तो रुक्मणी की खुशी का पारावार नहीं रहा। बातों-बातों में पता चला कि जादो हड़प्पा के एक बड़े व्यापारिक परिवार से संबंध रखता था और व्यापार के सिलसिले में लोथल आया था। आगे पता चला कि वह खासकर रुक्मणी के परिवार के साथ ही व्यापार के सिलसिले में बात करने आया था। रुक्मणी भी व्यापार में अपने परिवार का हाथ बँटाती थी।

इस तरह जादो और रुक्मणी पहले तो व्यापारिक कार्यों के सिलसिले में और फिर धीरे-धीरे इसके अलावा भी अकसर मिलने लगे। इधर जब स्थानीय निवासियों द्वारा हड़प्पावासियों के प्रेम-प्रसंगों के मामलों में आपत्ति जताई जाने लगी और आक्रोष मुखर होने लगा तो उन लोगों ने भागने की सोची।

"हम लोग बिना एक-दूसरे के कैसे रहेंगे?" रुक्मणी ने कहा।

"हाँ, पर यहाँ भी तो ऐसे हालात में कैसे रहेंगे!" जादो ने कहा। "हम लोग हड़प्पा चलते हैं।"

"पर हड़प्पा जाने से हम लोगों के व्यापार का क्या होगा?" रुक्मणी ने अपनी दुविधा जताई।

"फिर हम लोग फिलहाल किसी पास की जगह भाग चलते हैं। मैं अपने साथवालों को बता देता हूँ कि यहाँ हालात सुधरने पर हमें अवगत करा दें," जादो ने सुझाया और वे लोग लोथल से भाग गए।

42

रुक्मणी का परिवार शक्तिशाली था और अभी भी उनकी टाउनशिप में बहुत पकड़ थी। चूँकि हड़प्पा के व्यापारी रुक्मणी के परिवार से काफी

परिचित थे, उन्होंने इस रिश्ते को स्वीकार करने और युवाओं की शादी को सफल बनाने के लिए परिवार को सलाह दी। भले ही स्थानीय निवासियों ने शुरू में इस गठबंधन पर आपत्ति जताई, लेकिन बाद में वे बहुत ही अच्छे से यह जानते हुए रुक गए कि रुक्मणी के परिवार की स्थिति और हड़प्पावासियों के साथ अच्छे व्यापारिक संबंध रखने की आवश्यकता को अनदेखा नहीं किया जा सकता है। रुक्मणी–जादो की शादी के बाद कुछ और हड़प्पावासियों ने भी उनका अनुसरण करते हुए स्थानीय महिलाओं से शादी की और वहाँ बस गए। जादो लोथल में अपने पिता के व्यापार को देखने लगा। इससे और हड़प्पा व्यापारियों को भी व्यापार में मदद मिलने लगी।

ये हड़प्पावासी और उनके वंशज धीरे-धीरे स्थानीय आबादी का हिस्सा बन गए और हड़प्पा की तर्ज पर उन्होंने लोथल के आगे के विकास में बड़ा योगदान दिया।

43

रुक्मणी के परिवार की एक और युवती अरुंधती का मिलना-जुलना लोथल के दूसरे प्रतिष्ठित परिवार के युवक मनोहर से हो गया था। वह मिट्टी के बरतन और टेराकोटा का सामान बनानेवाले परिवार से आता था। जब मनोहर और अरुंधती की नजदीकियाँ बढ़ने लगीं तो यह मनोहर के परिवारवालों को बिल्कुल पसंद नहीं आया और उन्होंने किसी भी संबंध से इनकार कर दिया। यह तनातनी भुवन की बेटी रानी के जमाने से चली आ रही थी।

इधर मिट्टी के बरतन और टेराकोटा का सामान बनानेवाली इकाई के मालिकों, जोकि भुवन के सीधे वंशज थे, को जब मेसोपोटामिया से टेराकोटा के सामान का एक बड़ा ऑर्डर प्राप्त हुआ तो वे इतने वित्तीय संसाधनों के अभाव में ऑर्डर पूरा करने में अपने को असमर्थ पा रहे थे। जब यह बात रुक्मणी के

परिवारवालों, जोकि शोम के सीधे वंशज थे, को पता चली तो उन्होंने रुक्मणी के कहने पर तुरंत वित्तीय साझेदारी की पेशकश कर दी, जिसे मिट्टी के बरतन बनानेवाली इकाई के मालिकों ने फौरन मान लिया। कुछ समय बाद मनोहर और अरुंधती की शादी हो गई। इस तरह लोथल के दो पुश्तैनी परिवारों में वर्षों से चली आ रही प्रतिस्पर्धा, वैमनस्य और तनातनी समाप्त हो गई।

दिन, महीने, वर्ष बीतते गए और जिंदगी आगे बढ़ती गई।

44

असीम काल से, जैसा कि सभ्यताओं के साथ होता आया है, सामाजिक और सांस्कृतिक आदान-प्रदान ने अपार विकास किया। लोथल के लोग हड़प्पावासियों से प्रभावित हुए और उनकी जीवन-शैली और संस्कृति को आत्मसात् किया। इस प्रकार लोथल सिंधु घाटी सभ्यता के मोहनजोदड़ो और हड़प्पा जैसे एक अन्य नोडल केंद्र के रूप में विकसित हुआ और लोथल के आसपास एक बहुत ही उन्नत संस्कृति विकसित हुई। यह सभ्यता उस समय की अन्य सभ्यताओं, सुमेरियन (मेसोपोटामिया) और मिस्र के साथ बहुत लंबे समय तक पनपती रही। धीरे-धीरे लोथलवासी और भी दूरदराज तक फैल गए और दक्षिण भारत में कई साम्राज्यों की स्थापना में अहम भूमिका निभाई।

यह ईसा मसीह के जन्म से 3000 से 2000 साल पहले हुआ होगा।

ऐसा प्रतीत होता है कि कालांतर में एक समूह लोथल से उत्तर भारत के गंगा के मैदानी इलाकों की तरफ आ गया था। यह जगह उन लोगों को बहुत अच्छी लगी जहाँ धीरे-धीरे उन लोगों ने अपनी संस्कृति के साथ-साथ स्थानीय रीति-रिवाजों को भी अपनाना शुरू कर दिया। शुरू में स्थानीय निवासियों ने उनका विरोध किया पर उनकी बहुत उन्नत जीवन-शैली को

देखते हुए धीरे-धीरे वह भी व्यापक हितों में इसको अपनाने लगे। समय के साथ-साथ स्थानीय निवासी लोथल के इन प्रवासियों से प्रभावित हुए और उनकी जीवन शैली और संस्कृति को आत्मसात किया। इनमें आपस में वैवाहिक संबंध स्थापित होने के साथ यह लोथलवासी और उनके वंशज धीरे-धीरे स्थानीय आबादी का हिस्सा बन गए और उन्होंने इस क्षेत्र के आगे के विकास में बड़ा योगदान दिया।

शताब्दियाँ बीतती गई और समय के साथ ईसा से लगभग पांच शताब्दी पूर्व मध्य एशिया से आये कुछ समूह भी इस आबादी का हिस्सा बन गए। इन लोगों ने मिलकर नई बस्तियाँ बसाई। प्रशासनिक इकाईयों, जनपदों और महा-जनपदों का गठन किया, जिनसे बाद में कई साम्राज्य स्थापित हुए। मौर्या साम्राज्य का विस्तार दक्षिण भारत के अलावा पूरे क्षेत्र में आज के अफगानिस्तान तक था।

□

उपसंहार (अतीत खंड)

"ओह, कितना दिलचस्प है!" उत्सुकता के साथ पूरे कथन को सुनने के बाद जेम्स ने टिप्पणी की।

"लेकिन क्या तुमने मुझे सच कहा है? तथ्यों के आधार पर?" जेम्स कुछ रुककर, दोबारा सोचकर बोला।

"हाँ, यह उस समय की वास्तविक घटनाओं पर आधारित है। यह भारत के अहमदाबाद, गुजरात के पास लोथल नामक स्थान पर हुआ था, जिसे सिंधु घाटी सभ्यता के हड़प्पावासियों द्वारा विकसित किया माना जाता है। हालाँकि, इस दृष्टिकोण के विपरीत, जैसा कि मेरी कहानी में दरशाया गया है, ऐसा लगता है कि लोथल की टाउनशिप वास्तव में वर्तमान रूप में शुरू में स्थानीय निवासियों द्वारा विकसित की गई थी, जिन्हें पहले किसी महामारी के प्रकोप के दौरान संक्रामक बीमारी से निपटने के लिए मूल बस्ती से निष्कासित कर दिया गया था। **देखें कि कैसे इन निष्कासित स्थानीय लोगों ने इस तरह की एक उन्नत नई टाउनशिप विकसित करके प्रतिकूलता को अपने पक्ष में बदल दिया।** वे, जिन्हें कभी अछूत माना जाता था, उन्होंने किया! बाद में, उन हड़प्पावासियों, जो लोथल में बस गए थे, ने इसके आगे के विकास में योगदान दिया और हड़प्पा वास्तुकला और संस्कृति के प्रभाव में लाए। इसलिए यदि आप पीछे देखते हैं तो आपको पता चलता है कि महामारी ने वास्तव में एक तरह से सभ्यता को आगे बढ़ाने और मानव जाति को आगे बढ़ाने में मदद की।

"महामारी मुख्य कारणों में से एक हो सकती है, जिसके परिणामस्वरूप उस समय के उचथल की मूल बस्ती में गिरावट आई। लोथल की एक सभ्य नई बस्ती का आविर्भाव उचथल के निष्कासित स्थानीय लोगों के कारण हुआ था, हालाँकि यह मेरी परिकल्पना है और इस पर आधारित कहानी सबसे प्रचलित दृष्टिकोण, 'कि लोथल का विकास हड़प्पावासियों द्वारा किया गया था,' से एक थोड़ा अलग दृष्टिकोण पेश करती है।

"हालाँकि, यह तथ्य कि लोथल के घरों में सामने से मुख्य सड़क से प्रवेश था, जबकि हड़प्पा के घरों में बगल की ओर से प्रवेश द्वार थे, यह दरशाता है कि लोथल को शुरू में हड़प्पावासियों द्वारा विकसित नहीं किया गया था। इसी तरह, चावल की भूसी केवल लोथल में खुदाई में मिली है, न कि हड़प्पा में।

"लोथल के अवशेष हड़प्पा लेआउट और वास्तुकला से कुछ समानताएँ रख सकते हैं, क्योंकि प्रारंभिक नियोजन चरण के दौरान लोथल के स्थानीय लोगों द्वारा हड़प्पा व्यापारियों से विचार-विमर्श किया गया होगा।

"समय के साथ, लोथल की नई बस्ती के इन लोगों ने धीरे-धीरे स्थानीय रूप से बसे हड़प्पावासियों की जीवन-शैली और संस्कृति को भी काफी हद तक अपना लिया," रमेश ने कहा।

"आपके अनुसार उचथल की मूल बस्ती के पतन के अन्य कारण क्या हो सकते हैं?" जेम्स ने उत्सुकता से पूछा।

रमेश ने कहा, "वे कहते हैं कि बार-बार आनीवाली बाढ़ों, जिनमें कुछ बड़ी बाढ़े भी थीं, के अलावा नदियों के प्रवाह बदलने से परिवहन प्रभावित हुआ और इस तरह अन्य स्थानों के साथ व्यापार।"

"लेकिन क्या आपको लगता है कि मूल बस्ती की पूरी सभ्यता केवल बाढ़ और नदियों के अपने प्रवाह बदलने से नष्ट हो गई?" जेम्स बहुत आश्वस्त नहीं था।

"जैसा कि मैंने पहले कहा, ये हमारे ऐतिहासिक और पुरातात्विक

अभिलेखों में उल्लिखित कुछ कारण हैं, लेकिन मेरे लिए, ऐसा प्रतीत होता है कि शायद गिरावट तब शुरू हुई, जब कुछ नदियाँ *(शायद सरस्वती नदी सहित)* सूख गईं, जिससे न केवल व्यापार, बल्कि कृषि भी प्रभावित हुई। अंततः मूल बस्ती के लोग मुख्य रूप से किसी महामारी की चपेट में आ गए, जिसके कारण पूरी बस्ती नष्ट हो गई।

"वास्तव में, यदि बाढ़ ही पतन का एकमात्र कारण होता तो पुरातत्त्वविदों को खुदाई में शहर के अवशेष न मिले होते, क्योंकि बाढ़ के पानी से अवशेष बह गए होते। यह केवल किसी महामारी के फैलने के कारण ही संभव हो सकता था, जिसने लगभग पूरे समुदाय को नष्ट कर दिया होगा, सिर्फ निर्जीव वस्तुओं को छोड़कर। जो लोग महामारी से बच गए, वे अपना सामान और घरों को छोड़कर भाग गए, जिनके निशान स्थल की खुदाई करने पर मिले हैं।

"इसके अलावा, पाए गए कंकालों के फेफड़ों में कुछ विकृति सामान्य शारीरिक रचना की तुलना में देखी गई है। यह इंगित करता है कि शायद इन व्यक्तियों की मृत्यु किसी बीमारी के कारण हुई थी और किसी बाढ़ के कारण नहीं," रमेश ने कहा।

"यह व्याख्या अधिक सटीक लगती है," जेम्स ने टिप्पणी की।

"हाँ, ये सभी वर्तमान परिदृश्य में जो महसूस करते और देखते हैं, उसके आधार पर दावे हैं। वास्तव में, यह विवाद कि लोथल की मूल बस्ती उचथल एक महामारी के कारण नष्ट हुई होगी, यह भी वर्तमान स्थिति पर आधारित है। जो भी हो, **यह तथ्य है कि मानव-जाति खड़ी है और सभी प्रतिकूलताओं के खिलाफ बच गई है और मौजूदा महामारी को भी पार कर लेगी।** मौजूदा महामारी से मानव-जाति के दो-चार के किस्से कल सुनाएँगे," रमेश ने अपने चेहरे पर एक विस्तृत मुसकान के साथ घोषणा की।

□

परिशिष्ट (अतीत खंड)

लोथल 2500 ईसा पूर्व के आसपास मौजूद सिंधु घाटी सभ्यता के महत्त्वपूर्ण केंद्रों में से एक माना जाता है। यह भारत में अहमदाबाद, गुजरात के पास स्थित है।

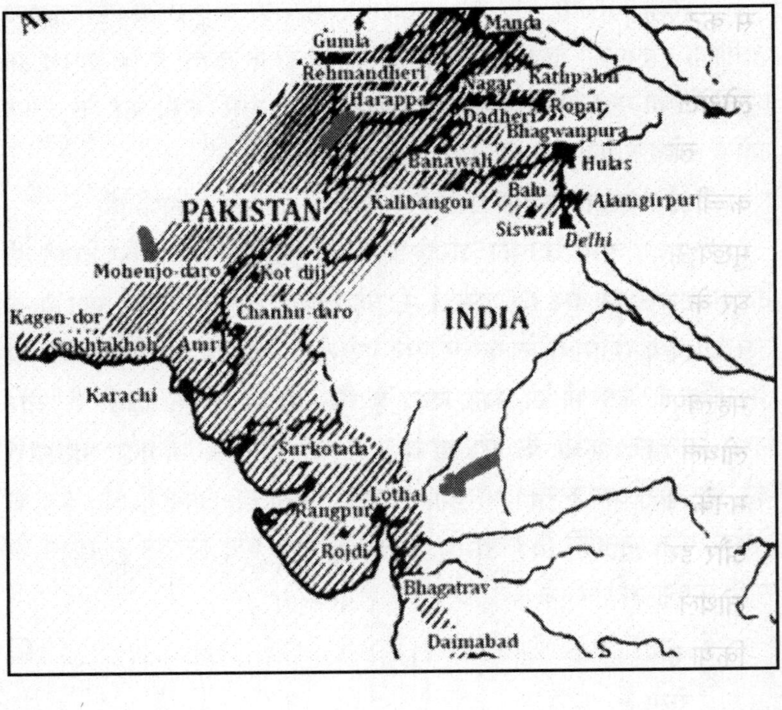

यह 1950 के दशक में खोजा गया था और गुजराती में इसका शाब्दिक अर्थ मृतकों (लो) का स्थान (थल) है। यह भोगवा नदी, जो साबरमती की एक सहायक नदी थी और खंबात (कैम्बे) की खाड़ी में गिरती थी, के किनारे स्थित तट के पास वाला एक शहर था।

मोहनजो-दड़ो (शाब्दिक अर्थ मृतकों का ढेर) और हड़प्पा के केंद्रों के अलावा सिंधु घाटी सभ्यता के तीन महत्त्वपूर्ण तटीय शहर लोथल, सुतकागेंडोर और बालाकोट थे। सुतकागेंडोर वर्तमान ईरान की सीमा के पास दश्त नदी के तट पर अरब सागर के तट से लगभग 55 किमी. दूर स्थित था। यह लोथल और बालाकोट (जो वर्तमान पाकिस्तान में है) के साथ एक महत्त्वपूर्ण तटीय शहर था और इसे सिंधु घाटी सभ्यता की पश्चिमी सीमा माना जाता है। यह मूल रूप से एक बंदरगाह था और बाद में एक तटीय उत्थान के कारण समुद्र से कट गया।

लोथल की महत्त्वपूर्ण खोजें

लोथल शहर को छह खंडों में विभाजित किया गया था और प्रत्येक खंड कच्ची-ईंटों के एक विस्तृत मंच पर बनाया गया था। घरों में प्रवेश सामने से मुख्य सड़क से था, जबकि सिंधु घाटी सभ्यता के अन्य स्थलों में प्रवेशद्वार घर के बगल से थे।

लोथल के महत्त्वपूर्ण निष्कर्षों में कृत्रिम डॉकयार्ड (जो इसे एक महत्त्वपूर्ण समुद्री लिंक बनाता है), चावल की भूसी (चावल की भूसी केवल लोथल और रंगपुर में पाई गई है), मिट्टी, विशेषकर टेराकोटा के बरतन, मनके बनानेवाली इकाइयाँ आदि शामिल हैं। पुरातत्त्वविदों को ईरानी मुहरें और इसी तरह के मिले अन्य सामान इस तथ्य की ओर इशारा करते हैं कि लोथल ने मेसोपोटामिया के साथ इस गोदी के माध्यम से प्रत्यक्ष समुद्री व्यापार किया होगा।

ऐसा लगता है कि मृतकों का अंतिम-संस्कार करने के साथ ही दफनाने

की भी प्रथा थी, जबकि कंकालों के साथ कुछ कब्रें मिली हैं। अनुमानित आबादी की तुलना में कब्रों की संख्या बहुत कम है और इसलिए यह प्रतीत होता है कि मृतकों का अंतिम संस्कार भी किया जाता था।

□

संदर्भ (अतीत खंड)

पुस्तक के इस खंड में वर्णित कथानक लेखक की लोथल-यात्रा के दौरान एकत्रित तथ्यों और इंटरनेट पर उपलब्ध जानकारी पर आधारित है।

मध्यांतर

"कल मैंने तुम्हें अतीत से 4500 वर्ष पुरानी सिंधु घाटी सभ्यता के जमाने की कहानी सुनाई थी, जेम्स। तुमने देखा, सबकुछ होने के बावजूद, सभी तरह की विपदाएँ आने के बावजूद भी मानव-जाति आगे बढ़ती रही। आज फिर वह एक कठिन दौर से गुजर रही है, पर उसने अपने को उस हिसाब से ढाल लिया है और रुकने को तैयार नहीं। फिर अब तो बहुत उन्नति हो चुकी है, जमाना बहुत आगे बढ़ चुका है, वह बेहतर ढंग से तैयार है। मैं तुम्हें आज वर्तमान की दास्तान सुनाता हूँ, जिसमें देखो, आज के परिप्रेक्ष्य में वह कैसे इस संक्रमण से दो-चार कर रही है और कैसे अपने को नई परिस्थितियों में ढालकर आगे बढ़ती जा रही है। अब आमने-सामने की वास्तविक मीटिंगों के बजाय वर्चुअल मीटिंगें होने लगी हैं।...पूरा विश्वास है कि हम अवश्य कामयाब होंगे और आगे बढ़ते रहेंगे," रमेश ने अपने कैंब्रिज के शोधकर्ता साथी के साथ दोपहर का भोजन करते हुए कहा और वर्तमान काल से कोरोना की कहानी सुनानी शुरू की...।

□

दास्तान वर्तमान कोरोनाकाल की

1

"हैलो सुनील! मोहन बोल रहा हूँ। मुझे हलका-हलका बुखार सा लग रहा है," उसने फैमिली डॉ. सुनील को फोन, पर कहा। डॉ. सुनील मोहन का फैमिली डॉक्टर होने के अलावा उसका स्कूल मित्र भी था और अपने पेशेगत ज्ञान में पारंगत होने के साथ-साथ बहुत सरल स्वभाव का था। सुनील की बीमारियों की बहुत अच्छी पकड़ थी और इसलिए अच्छे और व्यस्तम डॉक्टरों में से एक था।

"कोई बात नहीं। आजकल मौसम बदल रहा है, थोड़ी बहुत हरारत हो जाती है। मैं तुम्हें दवाइयाँ व्हाट्सएप कर रहा हूँ, उन्हें नियमित रूप से लो। गरम गुनगुना पानी ही पियो और काढ़ा लो। प्रतिरोधात्मक क्षमता बढ़ाओ और हाँ, बिल्कुल आराम करोगे, 14 दिनों तक घर पर कोरेनटाइन (quarantine) रहोगे," सुनील ने कहा।

"पर डोक, यह कैसे हो सकता है! 14 दिन बहुत लंबा समय होता है, एकदम बोर हो जाएँगे," मोहन थोड़ा घबराकर बोला।

"अरे नहीं, पता भी नहीं लगेगा। यह बहुत जरूरी है, फिर टाइम तो ऐसे ही पास हो जाएगा, टी.वी. देखना, गाने सुनना। जिन चीजों के लिए समय नहीं मिलता था, वो करना···और फिर तुम तो पढ़ते-लिखते रहते हो, अपने अनुभव लिख डालना। पर निकलोगे नहीं; एकदम कोरेनटाइन में, अलगाव में रहोगे। किसी के संपर्क में नहीं आओगे। यहाँ तक खाना वगैरह भी दूर से लोगे और सिर्फ गरम पानी ही पियोगे··· हाल फोन पर बताते रहना। दवाइयों का

व्हाट्सएप मैं कर रहा हूँ," सुनील ने कहा और फोन काट दिया।

मोहन बैंक नौकरी से स्वैच्छिक सेवानिवृत्ति लेकर फ्रीलांसर हो गया था। वह मध्यवर्गीय शहर प्रवासियों की दूसरी पीढ़ी से आता था और बहुत स्पष्टवादी था। हालाँकि, मोहन ने बैंक में काम जरूर किया, पर वह कभी वहाँ के माहौल और काम-काज से जुड़ नहीं पाया। वह कभी 'यस बॉस' और 'फॉलो दि बॉस' के चलन का अनुसरण नहीं कर पाया, इसीलिए वह अपने को बिल्कुल अलग-थलग पाता था। कभी-कभी उसे लगता कि वह इस नौकरी के लिए उपयुक्त भी था या नहीं और अंतत: उसने अपनी फ्रीलांसिंग की दबी हुई दिली तमन्नाओं को पूरा करने के लिए स्थूलतर ऑफिस नौकरी से स्वैच्छिक सेवानिवृत्ति ले ली।

मोहन के कानों में सुनील का 'अनुभव' शब्द गूँज रहा था और जो अनुभव उसे छू गए थे, उनके बारे में सोचते-सोचते उसको झपकी कब लग गई, पता ही न चला···

ईमानदारी

···मेरा किसी सरकारी दफ्तर का यह पहला-पहला अनुभव था, वहाँ के सारे नियम-कानूनों से अनभिज्ञ।

···मैं सरकारी दफ्तर में खड़ा था और समझ में नहीं आ रहा था कि मेरी यह फाइल चल क्यों नहीं रही, जबकि इसे बगल वाले बाबू के पास ही जाना है।

"अरे, आप कैसे सरकारी कागज छू सकते हैं," बाबू बोला। जब मैंने यह कहा कि इसमें क्या है, मैं रख देता हूँ।

"बाहर चपरासी रामप्रसाद बेंच पर बैठा होगा, उसे कह दीजिए," बाबू फिर बोला।

बाहर जब मैंने रामप्रसाद से कहा तो वह बोला, "इसमें दो पहिए तो लगाइए तभी तो चलेगी।"

मैंने झिझकते हुए उसे दस का नोट दिया तो वह देखने लगा और बोला,

"और नहीं हैं।" मेरे नकारात्मक में सिर हिलाने पर फिर बोला, "चलिए, पहले आपका काम कर दें।" मेरी जान-में-जान आई।

मैं बाबू से काम करा के गलियारे से होता हुआ सीढ़ी तक पहुँचा ही था, तभी पीछे से 'बाबू-बाबू' की आवाज आई। मैंने पलटकर देखा तो रामप्रसाद हाँफता-काँपता आ रहा था, "अरे बाबू, बाकी के आठ रुपए तो लेते जाओ।"

मैंने कहा, "वो कैसे?" वह कुछ रुककर बोला, "लगता है, नए हो, रेट नहीं मालूम। फाइल इस मेज से उस मेज तक जाने के लिए दो पहियों की जरूरत होती है, यानी दो रुपए। हम लोग कोई ऐसे ही थोड़े काम करते हैं, रेट के हिसाब से बाबू ईमानदारी से काम करते हैं।"

मेरी समझ में नहीं आ रहा था, मैं हतप्रभ था उसकी ईमानदारी से!

~

रिक्शेवाले को बीस रुपए का तय भाड़ा देकर उसे एक रुपया और देने लगा तो वह बोला, "साहब, मैं सिर्फ मेहनत की कमाई का तय किया हुआ भाड़ा ही लूँगा।"

और वह बिना एक रुपए लिये चला गया और मैं अवाक् सा देखता रह गया। मेरी समझ में नहीं आ रहा था कि यह मेहनत-मजदूरी करके कमानेवाला रिक्शेवाला ज्यादा ईमानदार और अच्छा है या हमलोग बड़ी-बड़ी विद्वता और ज्ञान की बातें करनेवाले?

~•~

2

मोहन की तंद्रा फोन की घंटी से टूटी। यह मोहन के परिचित अरुण का मेरठ से फोन था, जो आज के परिदृश्य पर अपनी नई चुटीली लघुकथा 'नया स्टार' पढ़वाना चाह रहे थे। अरुण भी पठन-पाठन में बहुत रुचि रखते थे। मोहन ने बिना अपनी तबीयत का हवाला दिए, हाल-चाल लेकर उनसे कहानी को व्हाट्सएप करने को कहा।

नया स्टार

राहुल अपने पिता के साथ आठवीं में दाखिला लेने नामी स्कूल गया था। वह गलियारे में खड़ा पिता का इंतजार कर रहा था, जो प्रिंसिपल से मिलने अंदर गए थे।

अंदर दफ्तर में सफेद कुरता पहने राहुल के पिता से बात करते हुए प्रिंसिपल ने अंत में कहा, "आपके बच्चे ने टेस्ट में 100 में से 60 अंक लिये हैं, बच्चा पढ़ाई में कमजोर है, आठवीं कक्षा में दाखिला नहीं हो सकता है, पर आपकी बात रखते हुए इसे सातवीं में ले सकते हैं और कोई विकल्प नहीं है!"

"ठीक है, वैसे आपका स्कूल रियायती जमीन पर बना है… इस बाबत गुम फाइल शायद मिल गई है।"

थोड़ी देर बाद, दफ्तर के बाहर, प्रिंसिपल राहुल को सबसे मिलवा रही थी, "ये राहुल है…कक्षा नौ में दाखिल हुआ है, उस क्लास का नया स्टार।"

आसपास खड़े टीचर धीमे से मुसकरा दिए!

(कथानक—आभार, अरुण सिंह रूहैला)

3

मोहन को जब डॉ. सुनील का काढ़ा पीने का निर्देश फिर याद आया तो उसने तुरंत बासुदेव गंगाराम जनरल स्टोर के योगेश को फिर से फोन मिलाया। इस बार उसका फोन मिल गया, "मोहन बोल रहा हूँ। तुम काढ़े की कह रहे थे, उसका सामान भिजवा देना। तुम्हारा फोन बड़ी मुश्किल से मिला है।"

"हाँ अंकल, नेट बहुत परेशान कर रहा है। अभी मैं मिश्राजी के गया था तो वे काफी बेचैनी से चक्कर लगाते हुए नजर आए। मैंने कोरोना की आशंका से थोड़ा सकपकाते हुए जब उनसे पूछा तो वे झुँझलाते हुए बोले, 'पिछले एक घंटे से नेट नहीं आ रहा है, बताइए अब मैं क्या करूँ?'

अब अंकल आप ही बताइए कि नेट ज्यादा परेशान कर रहा है या कोरोना, नेट बड़ा है या कोरोना?…हा-हा-हा…मैं सामान अभी भेज रहा हूँ।"

4

तीसरे दिन मोहन ने डॉ. सुनील को फोन करके बताया कि उसकी हरारत अब एकदम ठीक है।

"और कोई परेशानी तो नहीं है?" सुनील ने पूछा।

"नहीं, बिल्कुल नहीं!" मोहन ने कहा।

"पर तुम निकलोगे नहीं। अभी और 12 दिनों तक घर में कोरेनटाइन में रहोगे और दवाइयाँ लेते रहोगे," सुनील ने कहा।

"हाँ, बिल्कुल! मैं तो खाना वगैरह भी दूर से लेता हूँ, बिल्कुल किसी के संपर्क में नहीं आता और अब तो कोई प्रॉब्लम ही नहीं है। मैं तुम्हारे सुझाव के अनुसार अपने और अपने परिचितों के अनुभवों के कहानी-किस्सों को कलमबद्ध करने में लगा हूँ।"

"अरे वाह! मुझे भी पढ़वाना जब कलमबद्ध कर लो।···अरे हाँ, मेरे पास भी दो किस्से हैं—एक पत्नी के कॉलेज का और दूसरा भाई के ऑफिस का, मैं एक-दो दिन में फुरसत मिलते ही व्हाट्सएप कर दूँगा। अपने हिसाब से ठीक करके कलमबद्ध कर लेना। ठीक करने में तुम्हारा समय भी कट जाएगा···," सुनील ने कहा।

"बिल्कुल! भेज देना, मैं अपने हिसाब से संपादित कर लूँगा।"

5

सुनील की बात से उत्साहित होकर मोहन ने पहले अपने परिचितों के किस्सों को कलमबद्ध करने की सोची, ताकि वह भूल न जाए।

तभी उसके बेटे की दोस्त रीमा का फोन आ गया, "नमस्ते अंकल, कैसे हैं आप?"

"एकदम ठीक! बस कोरेनटाइन के 14 दिन पूरे करने के लिए 12 दिन

और काटने हैं," मोहन ने कहा।

"अच्छा-अच्छा···," रीमा थोड़ा हैरानी से बोली।

"नहीं-नहीं, परेशानी की कोई बात नहीं है, अब मैंने डॉक्टर की सलाह पर यह टाइम काटने के लिए लोगों के किस्सों को कलमबद्ध करना शुरू कर दिया है।"

"अरे वाह, एक किस्सा मेरे पास भी है," रीमा उत्साहित होकर बोली।

"तुरंत भेजो। उसी से शुरुआत करते हैं। याद रखने की भी जरूरत नहीं रहेगी।"

"ग्रेट अंकल···।"

इनाम

उस दिन ग्यारहवीं का रिजल्ट निकालनेवाला था। जतिन ने साल भर बहुत मेहनत करी थी और उसे कक्षा में प्रथम आने की पूरी उम्मीद थी। फिर भी उम्मीद तो उम्मीद होती है, जब तक परिणाम आ न जाए, तब तक कोई गारंटी नहीं होती है। जतिन बड़ी आशाएँ लिये स्कूल पहुँचा और उसने परीक्षाफल देखा, वो पूरे स्कूल में प्रथम था।

"और जतिन इस बार भी बाजी मार ही ली," आशीष ने पूछा।

"हाँ यार," शरमाकर जतिन बोला।

"और क्या इनाम लोगे पिताजी से इस बार," आशीष ने फिर पूछा।

"इनाम तो क्या ही लूँगा···" कुछ सोचते हुए जतिन बोला और अपने पिताजी के आने की राह ताकने लगा, जिनके आने का समय हो चला था।

"क्या बात कर रहे हो? मैं होता तो अपने पिताजी से कम-से-कम नई बाइक जरूर लेता ही," आशीष के मुँह से निकला।

"जतिन···जतिन···" तभी आशीष ने एक आदमी को पुरानी सी साइकिल से आवाज लगाते हुए देखा।

(कथानक—आभार, तनु सिंह)

6

अखबार कोरोना की खबरों से भरा पड़ा था। कोरोना का प्रकोप बढ़ रहा था। जिंदगी थमने लगी थी। कामगारों ने दूसरी जगहों से अपने क्षेत्रों को पलायन करना शुरू कर दिया था, जिससे हालात और बिगड़ने लगे थे। ट्रेनों का संचालन बंद होने के बावजूद भी लोग मान नहीं रहे थे और सड़कों के ही रास्ते निकल पड़े। जो भी सवारी मिली, चल पड़े। उधर जो लोग लौट रहे थे, उन्हें उनके गाँववाले संक्रमण के डर से अंदर लेने को तैयार नहीं थे। जिससे वे लोग काफी समय गाँव के बाहर अलगाव में रहने को मजबूर थे। कुछ जगह पर तो जंगली जानवरों से बचने के लिए इन लोगों को मचानों तक पर रहना पड़ा। इससे कानून और व्यवस्था की स्थिति भी खराब हो रही थी।

इधर जब डॉ. सुनील का फोन अगले ही दिन आ गया तो मोहन को थोड़ी हैरानी हुई, "हैलो मोहन, मैं सुनील बोल रहा हूँ।"

"हाँ, सुनील बताओ। कैसे हो तुम?" मोहन ने कहा।

"सब ठीक है। मैंने किस्से व्हाट्सएप कर दिए हैं," सुनील ने कहा।

"बड़ी जल्दी भेज दिए तुमने," मोहन थोड़ा आश्चर्य से बोला।

"हाँ, आज मैं मरीज नहीं देख रहा हूँ। असल में तबीयत थोड़ी ठीली सी लगी तो मैंने तुरंत आइसोलेशन में जाने का फैसला किया, अब देखते हैं! इसीलिए खाली होने से फौरन व्हाट्सएप कर दिए," सुनील ने कहा।

"वैसे तो तुम स्वयं ही डॉक्टर हो, समझते हो पर फिर भी कह रहा हूँ, ध्यान रखना और तुम तो डॉक्टर हो, तुम्हारा अपना स्वयं का दुरुस्त होना बहुत जरूरी है," मोहन ने कहा।

"हाँ, बिल्कुल।...जब ठीक होकर कहानियाँ कलमबद्ध हो जाएँ तो वापस व्हाट्सएप कर देना, पढ़ने में कुछ टाइम पास होगा और हाँ और भी जो कलमबद्ध हो गईं हों, भेज देना," सुनील ने कहा।

"हाँ, बिल्कुल!" मोहन ने कहा और फोन कटने पर व्हाट्सएप देखने लगा।

सुनील के भेजे दोनों किस्से मोहन को मिल गए और वह उन्हें ठीक करके कलमबद्ध करने लगा।

ठीक करने के बाद दोनों किस्से मोहन ने वापस सुनील को व्हाट्सएप कर दिए—

विन-विन सिचुऐशन

बचे हुए प्रोविडेंट-फंड का भुगतान 'पास' न होने पर कॉलेज प्राध्यापक महोदय संबंधित सरकारी कार्यालय में बाबू से झुँझला रहे थे। यह क्या जायज है कि आप लोग कुछ करते ही नहीं बिना कुछ··· !

"पर आप लोग भी तो कॉलेज में कक्षाएँ लेने के बजाय कोचिंग चलाते हैं, क्या वह उचित है?"

"खैर, छोड़िए इन बातों को। देखिए आपका लगभग दो लाख रुपए का भुगतान होना है और वह अगर एक महीने भी लटक गया तो एक प्रतिशत के हिसाब से आपका करीब दो हजार रुपए का नुकसान हो जाएगा। आप चाहें तो एक हजार रुपए में फौरन काम हो जाएगा। देख लीजिए, इसमें दोनों का फायदा-ही-फायदा। एकदम 'विन-विन सिचुएशन'" और प्राध्यापक महोदय निरुत्तर हो गए।

~

सदुपयोग

घर से ऑफिस के लिए निकलते हुए बेटे ने कहा, "पापा पेंसिलें खत्म हो गई हैं। शाम को ऑफिस से आते हुए लेते आइएगा।"

"एक सेलो-टेप भी ले आइएगा," पत्नी ने जोड़ा।

ऑफिस में—

"बड़े बाबू, लोग स्टेशनरी के लिए कह रहे हैं।"

"हाँ साहब, कुछ चीजें खत्म हो रही हैं।"

"तो सभी सामान जैसे पेंसिल, सेलो-टेप आदि मँगवा लीजिए। और हाँ, सँभालकर ही लोगों को दीजिएगा, 'दुरुपयोग' बहुत होता है। कुछ हमारी अलमारी में भी रखवा दीजिएगा, ताकि वक्त जरूरत लोगों को दी जा सके।"

शाम को घर पर—

"अरे, पापा, आप तो पेंसिल का पूरा डिब्बा ही ले आए, साथ में रबड़ वगैरह भी।"

"अरे, हाँ, कभी-कभी तुम्हारे दोस्त वगैरह भी माँग लेते हैं न, तो परेशानी न हो।"

~•~

7

सुनील के किस्सों को कलमबद्ध करने के बाद मोहन को लगा कि अनुभवों को एक क्रम दिया जाए और उसने तय किया कि वह पहले लॉकडाउन से पहले की कहानियों को कलमबद्ध करेगा, फिर लॉकडाउन की और फिर अनलॉक की। उसने लॉकडाउन के पहले की कहानियों को कलमबद्ध करना शुरू किया और उस दिन उसने दो अनुभवों को कलमबद्ध कर लिया, जो उसके साथियों ने सुनाए थे।

रेट

"अरे, यह क्या? यह तो आप बहुत माँग रहे हैं, यह तो आपने रेट बहुत बढ़ा दिये हैं। इतनी ज्यादा तो महँगाई भी नहीं बढ़ी है।"

"क्या करें साहब? बच्चे ने IIT की कोचिंग जो ज्वाइन कर ली है, वहाँ की इतनी ज्यादा फीस हम कैसे भरेंगे?"

(एक अभिभावक के अनुभव पर आधारित)

~

भगवान्

सुशील वर्मा बोर्ड के कॉपी चेकर थे। एक सेंटर की कॉपियाँ खत्म

कर नए सेंटर का बंडल खोला। पहली कॉपी खोलते ही उन्हें कुछ अजीब लगा। अंदर खोलकर देखा तो 500 रुपए का एक नोट लगा था और बगल में लिखा हुआ था कि "मास्टर साहब, अच्छे नंबर देना।" उन्होंने उस कॉपी को किनारे रखकर अगली कॉपी खोली। उसमें भी 200 रुपए लगे हुए थे और वही दरख्वास्त लगी हुई थी और कुछ कॉपिया खोलीं तो उनमें भी 100 से लेकर 500 रुपए तक लगे पाए। फिर उनके हाथ में एक कॉपी आई, जो कुछ ज्यादा ही भारी लग रही थी। उन्होंने सोचा पक्का इसमें तो 2000 से भी ज्यादा रुपए होंगे!

जब उन्होंने कॉपी को खोला तो पाया कि एक-एक रुपए के 10 सिक्के लगे हुए थे और बगल में लिखा हुआ था, "मास्टर साहब, मुझे भी पास कर दीजिएगा। मैंने बड़ी मेहनत की है साल भर, किंतु मेरे पास पैसे नहीं हैं कॉपी में लगाने के लिए। यह 10 रुपए मैंने बड़ी मुश्किल से बचाए हैं। बाकी लड़कों को भी कृपा करके पास कर दीजिएगा। उनकी गलती नहीं है, स्कूल में कभी किसी मास्टर साहब ने पढ़ाया नहीं तो वह बेचारे पढ़ते कैसे? आज तो मास्टर साहब आप ही हम सबके भगवान् हो।"

(एक स्कूल शिक्षक के अनुभव पर आधारित)

~•~

8

अगले दिन सुबह-सुबह मोहन के पुराने दोस्त महेश का फोन आ गया, जो अपने बेटे के पास गया था और लॉकडाउन लगने से वहाँ फँस गया था।

"कैसी रही यात्रा?" मोहन ने पूछा।

"अरे यात्रा कैसी रही, मैं तो वहाँ फँस गया।...गया था वहाँ से हिल-स्टेशन जाने को पर लॉकडाउन लग जाने से वहीं फँस गया। कहीं नहीं जा पाया। यहाँ भी अब इतने दिनों बाद अनलॉक होने पर आ पाया हूँ," महेश ने बुझे स्वर में कहा।

"कोई बात नहीं! देर आए, दुरुस्त आए। हाँ, पर हिल-स्टेशन का मजा

अलग होता है," मोहन ने कहा।

"हाँ, तुम भी तो दो-तीन साल पहले शायद माउंट-आबू गए थे," महेश ने कहा।

माउंट-आबू की बात आते ही मोहन को एक गुदगुदी सी होने लगी और वह अपने को रोक नहीं पाया, "हाँ, गए थे और हिल-स्टेशन के अनुभवों का मजा अलग होता है। अब मेरे साथ घटित वाकिए को सुनो।

···माउंट-आबू भ्रमण के दौरान जब हमने 'सनसेट प्वाइंट' पर एक स्थानीय आदमी से यह पूछा कि इसके आगे भी कुछ है तो वह बोला कि इस सड़क के एकदम आखिर में 'हनु-मान प्वाइंट' है पर जब हम वहाँ पहुँचे तो कोई हनुमान मंदिर नजर नहीं आया। हमने जब वहाँ उपस्थित एक युगल से इस बारे में पूछा तो उन्होंने खूब जोर से ठहाके लगाते हुए कहा कि उसका मतलब 'हनीमून प्वाइंट' से होगा न कि 'हनुमान प्वाइंट' से।"

महेश और मोहन दोनों फोन पर हँसते-हँसते लोट-पोट हो गए।

थोड़ी हँसी थमने पर मोहन ने फिर पूछा, "बेटा कैसा है ?"

"वह लोग एकदम सब ठीक हैं, अब सारा काम 'वर्क फ्रॉम होम'(work-from-home) होता है," महेश ने जवाब दिया।

"इसका मतलब वे लोग सारे टाइम घर पर ही रहते होंगे!" मोहन ने कहा।

"हाँ, वह लोग अब घर पर ही रहते हैं। दोनों के पूरे टाइम घर पर रहने से एक तरह से यह घर अब छोटा पड़ने लगा है। 'वर्क फ्रॉम होम' के लिए दोनों को अलग-अलग एक-एक कमरा चाहिए और उस समय कोई व्यवधान नहीं होना चाहिए, आपस का भी नहीं, इसीलिए अब वह लोग अनलॉक होने पर नया बड़ा मकान देख रहे हैं," महेश ने कहा।

"अच्छा!!!" मोहन थोड़ा आश्चर्य से बोला।

"दरअसल, बेटे की कंपनी ने तो अपना ऑफिस ही खत्म कर दिया है, अब सब लोग अपने-अपने घर से ही काम करते हैं और मीटिंग वगैरह भी नेट पर हो जाती हैं, यहाँ तक कि कंपनी के बोर्ड की मीटिंग भी," महेश ने बताया।

"अच्छा! तो अब ऑफिस नहीं जाना पड़ता है," मोहन आश्चर्यचकित होकर बोला।

"हाँ, जब ऑफिस ही नहीं है तो ऑफिस जाना कैसा!" महेश ने कहा।

"तो जो ऑफिस था, वह बिल्कुल खाली कर दिया," मोहन ने पूछा।

"हाँ।...कंपनी ऑफिस तो बहुत दिनों से खाली करके नाममात्र की छोटी जगह लेना चाहती थी क्योंकि सारा काम तो नेट पर होता है और सबसे ज्यादा खर्चा कर्मचारियों के वेतन बाद आफिस किराए पर ही होता है, पर कर नहीं पा रही थी। वो तो कोरोना में अपने आप ही 'वर्क फ्रॉम होम' (work-from-home) शुरू हो गया, ऑफिस की जरूरत ही नहीं रही और अनलॉक होने पर ऑफिस खाली कर दिया गया," महेश ने बताया।

"यह तो आपदा में अवसर हो गया," मोहन बोला।

"हाँ बिल्कुल और कंपनी ने उस अवसर को अपने हित में परिवर्तित कर लिया," महेश ने कहा।

"बहुत खूब...चलो फिर मिलते हैं...फोन पर। बाहर सड़क पर सब्जीवाला बोल रहा है और तुम्हें मालूम ही है कि आजकल कोरेनटाइन में सबकुछ ऊपर घर से ही बाल्टी लटकाकर ले लेता हूँ। ध्यान रखना अपना," मोहन ने बाहर सड़क पर सब्जीवाले की आवाज सुनकर कहा।

"तुम भी..." महेश ने फोन काटते हुए कहा।

9

सब्जी बेचनेवाले की आवाज सुनकर मोहन बालकनी पर आ गया। अब वह कोरेनटाइन में ऊपर से ही बाल्टी लटकाकर सामान ले लेता था, इसीलिए कोरेनटाइन में रहने के बावजूद भी उसे कोई परेशानी नहीं हुई। परचून का सामान भी वह बासुदेव गंगाराम जनरल स्टोर के योगेश या ओम को फोन करके वहीं बालकनी पर मँगवाकर वहीं से बाल्टी लटकाकर ले लेता था।

दवाइयाँ भी मेडिकल स्टोर से फोन पर मँगवाकर वहीं बालकनी से बाल्टी लटकाकर ले लेता था।

सामान लेते हुए उसने सब्जीवाले से पूछा कि "और कैसा चल रहा है?"

"अरे, क्या बताएँ, बुरा हाल है। कोई बिक्री ही नहीं है। दुकानें, होटल सब बंद हैं। कोई खरीदार ही नहीं है। बस, आपके जैसे ही कुछ ग्राहक हैं। कोरोना ने बुरा हाल कर दिया," सब्जीवाला बड़े बुझे मन से बोला।

तभी मोहन के एक पुराने मित्र का फोन आ गया, जो चाह रहे थे कि मोहन भी उनके मोहल्ले के पार्क में उनके द्वारा आयोजित निःशुल्क भोजन वितरण कार्यक्रम में शामिल हो। मोहन ने कोरेनटाइन का बहाना लेकर अपनी असमर्थता जताई, हालाँकि वे उनका मोहल्ले में दबदबा बनाने का छुपा मकसद समझ गया।

"तो तुम फिर ऐसा करो कि किसी पहचानवाले पत्रकार को फोन करके आयोजन को कवर करने के लिए कह दो," उन्होंने कहा।

"पर समाचार कवर करते समय असली जरूरतमंद लोग होंगे?" मोहन ने संशय व्यक्त किया।

"तुम उसकी चिंता मत करो, वो सब सेट कर लिया है," उन्होंने मोहन को विश्वास दिलाया।

मोहन को समझ नहीं आ रहा था कि एक तरफ सब्जीवाला कोरोना से किस तरह त्रस्त है और दूसरी तरफ यह महामारी का सहारा लेकर अपना दबदबा बढ़ाने में लगे हैं। यह सोचते-सोचते मोहन को ऐसा ही एक और समाज-सेवा का किस्सा याद आ गया—

...बेटे ने अपनी समाज-सेविका माँ का अखबार में भाषण देते हुए फोटो देखकर पूछा, "मम्मा, तुम सब जगह तो बच्चों को पढ़ाने के लिए भाषण देती घूमती हो, गली-मोहल्ले-बस्ती में माँ-बाप को प्रेरित करती घूमती हो, पर तुम कभी अपनी कामवाली को उसकी बच्ची को पढ़ाने के लिए नहीं कहती हो...!"

"अगर वो सब लोग भी पढ़-लिख जाएंगे तो तेरे घर में काम कौन करेगा?" माँ ने फोन पर अखबारवालों को अपने अगले प्रोग्राम के समय

और स्थान की जानकारी देते हुए कहा।

~•~

10

सुनील ने किस्से ठीक करने के लिए फोन पर मोहन का आभार प्रकट किया, "किस्से बहुत रोचक हो गए हैं। पर तुमने अपनी कलमबद्ध की गई और कहानियों को नहीं भेजा, खैर, अपने हिसाब से आराम से भेज देना।"

"किस्से थे ही इतने रोचक! फिर भी तारीफ के लिए धन्यवाद!" मोहन ने कहा।

"…मोहन आज मैं धूप में बैठा था तो पुराने जमाने की चीजें याद आ गईं और लगा कि जिंदगी तब से अब तक कितनी बदल गई है! बैठे-बैठे कुछ पंक्तियाँ जुबान पर आ गईं," सुनील ने फिर कहा।

"जिंदगी वाकई बहुत बदल गई है। वे पंक्तियाँ हमें भी सुनाओ," मोहन ने कहा।

"अच्छा," और सुनील ने सुनाना शुरू किया—

"पहले लाइन लगाता था खड़े-खड़े
गैस बुक करने के लिए
अब IVRS करता हूँ सोते-सोते
गैस बुक करने के लिए

पहले मैं सो जाता था पढ़ाई को गोली देने के लिए
अब गोली लेता हूँ, सो जाने के लिए

पहले मिलते थे फोन ढूँढ़ने के लिए
अब मिलते हैं हाथ खाली ढूँढ़ने के लिए

पहले गाड़ी शेयर करता था गाड़ी कम होने के लिए

अब गाड़ी शेयर करता हूँ भीड़ कम करने के लिए

पहले washable बरतन इस्तेमाल करता था पैसे बचाने के लिए
अब disposable बरतन इस्तेमाल करता हूँ गंदगी बचाने के लिए

पहले बाहर खाना खाते थे उत्सव मनाने के लिए
अब घर में खाना खाते हैं मजबूरी के लिए

पहले मैं नींद भगाया करता था पोजिशन लाने के लिए
अब मैं पोजिशन बदला करता हूँ नींद लाने के लिए

पहले बेले जाते थे पापड़ खाने के लिए
अब बेले जाते हैं पापड़ कमाने के लिए।"

"बहुत सुंदर पंक्तियाँ, बहुत सटीक तुलना, तब से अब तक कितना बदल गया!" मोहन पुराने जमाने में खो गया।

"अरे, कहाँ खो गए मोहन?" सुनील ने कहा।

"कुछ नहीं, मुझे भी कुछ बातें याद आ रहीं हैं," मोहन बोला।

"अरे तो हमें भी सुनाओ न," सुनील उत्सुकता से बोला।

मोहन सुनाने लगा—
"पहले सब्जी भरते थे बासी रोटी को पोंगा बनाने के लिए
अब बासी रोटी में सब्जी भरते हैं फ्रेंकी बनाने के लिए

पहले चूर्ण-चटनी खाते थे गद्‌गद हो जाने के लिए
अब पिज्जा-बर्गर खाते हैं सिर्फ दिखाने के लिए

पहले मंदिर जाया करते थे प्रभु दर्शन पाने के लिए,

अब मंदिर जाते हैं सिर्फ मूर्ति लगाने के लिए।"

"बिल्कुल सही कहा। चलो और रचनाएँ भेजना," सुनील ने कहा।

"मिलते हैं फिर, तबीयत का ध्यान रखना," और मोहन ने फोन काट दिया।

~•~

11

वैसे तो मोहन को टी.वी. देखने का कोई शौक नहीं था, पर कोरेनटाइन में जब और कुछ करने को नहीं था तो उसने टी.वी. ही खोल लिया। टी.वी. पर 'मी–टू' (me-too) पर गरमागरम बहस छिड़ी हुई थी और उन नारियों का जिक्र आ रहा था, जिन्होंने 'मी–टू' यानी यौन–शोषण के आरोप लगाए थे। बताया जा रहा था कि कैसे इन 'मी–टू' का आरोप लगानेवाली नारियों का मजबूरी का फायदा उठाकर यौन–शोषण हुआ।

मोहन सोचने लगा कि क्या पुरुष भी यौन–शोषण यानी 'मैन–टू' (man-too) के शिकार होते हैं? ये किस्सा मोहन के एक दोस्त ने सुनाया था—

यह साठ के दशक की बात है, जब डेंगू बुखार का नाम पहली बार सुनने में आया था। वह सातवीं या आठवीं में पढ़ता होगा, जब एक दिन उसे तेज ज्वर आ गया। जब ज्वर अगले दिन भी हलका नहीं हुआ तो पारिवारिक डॉक्टर ने उसे डेंगू बुखार के प्रकोप को देखते हुए बेहतर देख–रेख के लिए सबसे बड़े अस्पताल में भरती कराने का निश्चय किया। फिर उस समय उसके माता–पिता भी बाहर गए हुए थे और वह अपने चाचा–चाची के पास था, इसलिए यह उचित समझा गया कि किसी भी स्थिति से निपटने के लिए अस्पताल में भर्ती कराना बेहतर होगा।

उसे शाम को अस्पताल के दो मरीजों वाले वार्ड में भर्ती करा दिया गया, पर चूँकि कमरे में दूसरा मरीज नहीं था, इसलिए वह कमरे में अकेला ही था।

शाम को जब डॉक्टर देखने आए तो यह तय हुआ कि पेट साफ कराने के लिए अगली सुबह 'एनिमा (enema)' दिया जाए।

अगले दिन सुबह जब नर्स सिस्टर एनिमा के लिए आई तो उसने दरवाजे बंद करके मेरे दोस्त को पजामा थोड़ा खोलकर उलटा पेट पर लेटकर नितंबों (hips) को उठाने को कहा, ताकि वह एनिमा के लिए गुदा में ट्यूब लगा सके, पर जब दोस्त ने कुछ घबराते हुए उलटा लेटकर नितंबों को उठाया तो सिस्टर ने यह कहते हुए कि थोड़ा और उठाओ उसको नीचे अंग से पकड़ लिया, संभवतः (?) ऊपर उठाने के लिए। जैसे ही सिस्टर ने उसे कमर के बजाय नीचे से पकड़ा, वह एकदम 'स्वतः प्रतिक्रिया' (reflex action) में पजामा ऊपर करते हुए पेट पर उलटा ही लेटे हुए सीधा हो गया और फिर सिस्टर, जो कि बीस-पच्चीस साल की रही होगी, के लाख कहने पर भी एनिमा नहीं लगवाया। डॉक्टर के आने पर कह दिया कि पेट थोड़ा साफ हो गया था, इसलिए एनिमा नहीं लगवाया।

शाम तक उसका ज्वर उतर गया और उसके माता-पिता भी आ गए थे। अस्पताल से भी छुट्टी मिल गई।

यह वाकया क्या 'मैन-टू' (man-too) का था, मोहन सोचने लगा?

~•~

12

कोरोना का प्रकोप अब कुछ कम होने लगा था। सीमित ढंग से आर्थिक क्रियाकलापों को बढ़ावा देने के लिए अनलॉक की प्रक्रिया शुरू कर दी गई थी, ताकि आर्थिक स्थिति से निपटा जा सके।

डॉ. सुनील ने फोन पर बताया, "मोहन, सुनील बोल रहा हूँ। क्या हाल हैं? मैं आज से आइसोलेशन से बाहर आ रहा हूँ, मरीज बहुत परेशान कर रहे हैं।"

"अच्छा! पर ध्यान रखना," मोहन ने कहा।

"हाँ बिल्कुल, वैसे तो कोई परेशानी नहीं थी पर फिर भी मैंने सारे टेस्ट

करा लिये हैं, सब निगेटिव हैं। दूसरों के लिए भी जरूरी है कि आप निगेटिव हों, ताकि औरों को कोरोना न दे सकें," सुनील ने कहा।

"अच्छा है तुमने बाहर निकलने के पहले अपने सारे टेस्ट करा लिये हैं और वे निगेटिव हैं।...मुझे तो दो दिन और कोरेनटाइन में काटने हैं!" मोहन ने कहा।

"अरे वो तो ऐसे ही कट जाएँगे। वैसे तो आज से अनलॉक में और रियायत दे दी गई है, मुझे सुबह ही पता चला, जब श्रीमतीजी के मीठे स्वर सुनाई दिए...

अनलॉक में रियायत होने पर श्रीमतीजी ने आज से ही कामवाली को बुलाया था। आज वह बहुत दिनों बाद घर के काम पर आ रही थी तो उसने सोचा, अच्छे कपड़े पहनकर चले और मालकिन के दिए कपड़े पहन लिये। मालकिन ने जब उस जवान नौकरानी को देखा तो जोर से झाड़ते हुए कहा, "यह क्या बेशर्म की तरह बदन-उघाड़ू कपड़े पहनकर आ गई है!"

"पर...पर बीबीजी मैं तो आपकी ही दी हुई उतरन पहनकर आई हूँ।"

"हा-हा-हा-हा-हा-हा-हा..." और दोनों हँसते-हँसते लोट-पोट हो गए।

13

कोरोना के लॉकडाउन में बंद-बंद मोहन के सामनेवाले लड़के का मन ऊब गया था, अब अनलॉक में थोड़ी रियायत होने पर सड़क पर कुछ रौनक बढ़ी तो वह छज्जे से सड़क देखने लगा था।

"यह क्या तुम सारे टाइम छज्जे पर खड़े रहते हो, समझ में नहीं आता क्या देखते रहते हो...चलो अंदर," किशोर बेटे को झिड़कते हुए पापा बोले।

तभी नीचे सड़क से एक नवयुवती गुजरी और बेटे ने कमरे में घुसते हुए देखा कि पापा की गरदन उस नवयुवती के साथ ऐसे घूम रही थी, जैसे रडार का एंटिना सेटेलाइट के साथ।

14

"हाँ यार, अब ठीक है। बस, आराम-आराम से हर काम करने को कहा है डॉक्टर ने। कोई तनाव नहीं लेना है, कोई परिश्रम नहीं करना है, इसीलिए घर पर ही आराम करते हैं, कहीं आ-जा नहीं रहे हैं," मोहन के बचपन के एक और स्कूल मित्र प्रवीण ने फोन पर बताया। प्रवीण एक प्राइवेट कंपनी में काम करता था और बहुत खुशमिजाज और मस्त था।

उसको संक्रमण हो गया था और तकनीकी कारण से उसका केस अजीब हो गया था। जब उसका सामान्य कोरोना टेस्ट हुआ तो निगेटिव निकला पर कोरोना के लक्षण होने पर डॉक्टर ने जब दूसरा टेस्ट कराया तो पॉजिटिव निकला। अब न तो कोविड हॉस्पिटल भरती कर रहे थे, निगेटिव रिपोर्ट होने से और न ही सामान्य अस्पताल भरती करने को तैयार थे, दूसरी रिपोर्ट कोरोना पॉजिटिव होने से। अंततः डॉक्टर को घर पर ही रखकर उसका उपचार करना पड़ा।

"बहुत बढ़िया। चिंता की कोई बात नहीं है, सुनील का इलाज चल ही रहा है। एकदम घर पर रहो। ऑफिस भी अभी जाने की मत सोचो," मोहन ने कहा।

"पर ऐसा कैसे हो सकता है, निकलना तो पड़ेगा ही।...तुम्हारी बात अलग है, क्योंकि तुम्हारा घर ऐसी जगह है, जहाँ पर सब कुछ मिल जाता है, बिना निकले पर ऐसा सबके साथ कहाँ होता है। हमें तो सामान लेने निकलना ही पड़ेगा," प्रवीण ने कहा।

"और फिर सबको रोजगार वगैरह करने तो निकलना ही पड़ेगा," प्रवीण ने आगे जोड़ा।

"हाँ, यह तो ठीक है, पर कम-से-कम दूसरों के संसर्ग में आओ, जहाँ तक हो सके कम निकलो," मोहन ने सलाह दी।

"पर हालात बहुत खराब हैं। हमारी-तुम्हारी बात अलग है पर लोगों को रोजगार नहीं है, खाने को नहीं है, क्या करें।...कंपनियाँ बंद हो रही हैं, छँटनी हो रही है," प्रवीण ने कहा।

"हाँ, यह तो है! जब अनलॉक शुरू होने पर पहले सिर्फ 30 प्रतिशत लोगों से काम कराने को कहा गया और कंपनियों को जब पता चला कि इतने से भी काम चलता है तो वो छँटनी करने की सोचने लगी। बिक्री और उत्पादन पहले से ही नहीं थे तो उन्होंने छँटनी शुरू कर दी," मोहन ने कहा।

"हाँ, हाल वाकई बहुत खराब हैं, लोगों के पास रोजगार नहीं हैं, खाने को नहीं है। कल की बात है हम लोग, मैं और श्रीमती जी, दवाइयाँ लेने बाहर गए थे।

क्योंकि बहुत दिनों बाद निकले थे तो थोड़ा घूमने लगे और एक बड़ा-पाव खाने को लिया। अभी हमने बड़ा-पाव खाना शुरू ही किया था, तभी एक छोटी बच्ची ललचाई हुई नजरों से आकर बोली, 'बाबू, बड़ा-पाव दो न!'

'अरे हटो!' कहकर मैंने उसे झिड़क दिया।

'धंधा ही बना लिया है इन लोगों ने,' मैं अपनी बीवी से बोला, 'पता है न इनका पूरा गुट होता है, जो साथ में माँगता है और असल में इस बच्ची को कुछ नहीं मिलेगा, सबकुछ तो इसका बॉस हड़प जाएगा। मेरा उसूल है कि मैं कभी माँगने वालों को नहीं देता हूँ।'

हमसे बढ़कर वह बच्ची अगले युवा-युगल के पास माँगती हुई चली गई। वहाँ उसको सफलता हाथ लगी और पूरा का पूरा बड़ा-पाव मिल गया। खुशी से उछलती हुई वह थोड़ी दूर जाकर बड़ा-पाव खाने लगी। अभी उसने खाना शुरू ही किया होगा कि एक अधेड़ उम्र के आदमी ने उससे बड़ा-पाव छीनकर पाव खुद रख लिया, बड़ा बच्ची को वापस दे दिया। बच्ची अभी भी उतनी ही खुशी से खाती रही और वह आदमी वहाँ से चला गया।

यह देखकर मैं बोला, 'देखा! वो रहा उस बच्ची का बॉस, पैसे तो छोड़ो, खाने में भी हिस्सा लेकर चला गया।'

लेकिन मेरे मन में कुछ उत्सुकता जागी कि आखिर यह उस पाव का करेगा क्या, मैं उसके पीछे-पीछे गया। कुछ दूर चलने के बाद वह जाकर एक अधेड़ उम्र की औरत के पास रुका और उसको बड़ा देकर बोला, 'यह लो गुड्डी की अम्मा, खाओ, गुड्डी को अभी साहब ने बड़ा-पाव दिया तो बड़ा

उसको खिलाकर पाव तुम्हारे लिए ले आया। कब तक नहीं खाओगी? तीन दिन हो गए कोरोना की वजह से काम न मिले हुए और तुम हो कि भीख-भीख बोलकर उसूलों की वजह से कुछ खाती ही नहीं हो।'

"और मैं हतप्रभ हो गया, कोरोना ने क्या हाल कर दिया है," प्रवीण ने एक लंबी साँस छोड़ते हुए कहा।

"बहुत गंभीर स्थिति है, पर हम लोगों को धैर्य रखते हुए इससे जूझना होगा। जीवन-शैली को उसी हिसाब से ढलना होगा। इस स्थिति से निकलना होगा। बहुत हद तक हम निकल आए हैं और आगे भी कामयाब होंगे। जैसा तुम्हें मालूम है कि ऐसा पहली बार नहीं हो रहा है, इतिहास में पहले भी ऐसी आपदाएँ आई हैं और मानव जाति आगे बढ़ती रही है। इसलिए चिंता करने की जरूरत नहीं है, बस, हम सबको अपना-अपना ध्यान रखना चाहिए, समय के हिसाब से अपने आचार-व्यवहार में बदलाव लाना चाहिए—

लौट आएँगी खुशियाँ,
चिंता मत कर;
इंतजार कर,
अभी कुछ मुश्किलों का दौर है।

जल्द निकल आएँगे इससे हम,
फिर से मनाएँगें रंगरेलियाँ॥
यह वक्त ही तो है;
गुजर जाएगा, गुजर जाएगा।

यकीन रख, यह लम्हा दो पल में बिखर जाएगा;
जिंदा रहने का जज्बा फिर असर लाएगा॥
माना मुश्किल बहुत है, मगर वक्त ही तो है;
गुजर जाएगा, गुजर जाएगा।

इतिहास गवाह है, यह मसला भी सुलझ जाएगा;
सुलझ जाएगा॥'

"समय के साथ हालात जरूर सुधरेंगे," मोहन ने समझाया।

"हाँ, ठीक कह रहे हो। अच्छे की ही आशा करनी चाहिए," प्रवीण ने 'हाँ' में 'हाँ' मिलाई।

"बिल्कुल! और देखो, इससे जिंदगी में कुछ बदलाव अच्छे के लिए भी आए हैं, जैसे शादी आदि आयोजनों में होनेवाली फिजूलखर्ची कम हुई है। दिखावेवाले बिना मतलब के खर्चे खत्म हो गए। वैसे भी कम निकलने आदि से खर्चों में कटौती हुई है। हम लोगों के दूसरों, सेवकों आदि पर निर्भर न रहने से आत्मनिर्भरता बढ़ी है। जीवन की सोच बदली है," मोहन ने आगे समझाया।

"...और फिर दूधवाला भी तो दूध अच्छा देने लगा, क्योंकि कोरोना लॉकडाउन में उसकी कहीं और हलवाई, रेस्तराँ आदि में खपत नहीं है..." प्रवीण ने मजाक किया।

"हा हा हा हा हा... चलो फिर बात करते हैं, अब आराम करो। बाय," मोहन ने कहा और फोन काट दिया।

(किस्सा-कथानक आभार, अभिनव जैन)

15

इधर मोहन का कोरेनटाइन खत्म हुआ और उधर संयोग से लॉकडाउन भी पूरी तरह खत्म हो गया। लोग जिंदगी के जरूरी काम-काज फिर से शुरू करने की कोशिश करने लगे। आर्थिक स्थिति को सुधारने के लिए सरकारी काम-काज भी शुरू हो गये, खासकर राजस्व-संग्रह वाले काम।

इसी सिलसिले में एक दिन नगर निगम बाबू फोन करके टैक्स जमा करने आया।

बाबू ने नगर-निगम टैक्स का चेक लेकर रसीद काटते हुए कहा, "कुछ

खर्चा-पानी, इनाम मिल जाता…।"

"खर्चा-पानी काहे का? हमारे मकान में तो सबकुछ नियमानुसार है, हम लोग तो सबकुछ पूरी ईमानदारी और नियम-कानून से करते हैं।"

"पर पिछले साल तो आपने डेढ़ सौ रुपए दिए थे…।"

"पिछले साल की बात अलग थी, जब आपने 'बैक-डेट' का चेक लेकर तारीख निकलने के बाद भी टैक्स में 10 प्रतिशत की छूट दिलवा दी थी।"

16

पढ़ाई शुरू करने के लिए अब ऑनलाइन कक्षाएँ शुरू हो गई थीं। माता-पिता को कुछ समझ नहीं आ रहा था, फिर भी बच्चे की पढ़ाई न छूटे, इसलिए सभी लोग बच्चों को नेटवाला मोबाइल मुहैया कराने में लगे थे। बच्चों ने भी मोबाइल पर पढ़ाई शुरू कर दी थी, पर कुछ बच्चे ऐसे भी थे, जो सारे टाइम मोबाइल में लगे रहते थे। इन बच्चों के माता-पिता भी हैरान थे कि पता नहीं कितनी पढ़ाई हो रही है!

ऐसे ही एक पिता ने बेटे को डाँटते हुए कहा, "यह क्या सारा टाइम तुम मोबाइल लिये रहते हो?"

"क्या करें, अब कोरोना के बाद सारा कोर्स ऑनलाइन ही पढ़ाया जाता है और जो समझ नहीं आता वो ऑनलाइन जाकर देखना पड़ता है। कोर्स इतना ज्यादा कठिन है कि अकसर ऑनलाइन जाकर देखना पड़ता है," बेटे ने मोबाइल बंद करते हुए कहा।

"तो हो सकता है कि मैं साइट देखकर समझाने में तुम्हारी मदद कर सकूँ। जरा साइट खोलकर देना," पिता ने कहा।

बेटे ने जब साइट खोलकर दी तो पापा ने कहा, "अरे यह तो काफी कठिन दिख रहा है! ऐसा करते हैं कि मैं टायलेट जा रहा हूँ, वहाँ मोबाइल ले जाकर समझता हूँ," साइट देखते हुए पिता ने कहा।

पिता ने जब टायलेट में नेट हिस्ट्री में जाकर उसके पहले देखी गई साइट

को खोला और देखा तो अब वह ये नहीं समझ पा रहे थे कि यह कोर्स और साइट उनके लिए है या बेटे के लिए!

17

जब मोहन ने हाल-चाल लेने के लिए प्रवीण को फोन मिलाया तो वह पूछने लगा, "मोहन, तुम उस दिन कुछ कह रहे थे कि ऐसी आपदा पहली बार नहीं आई है, इतिहास गवाह है कि पहले भी ऐसी आपदाएँ आ चुकी हैं।"

"हाँ, पहले भी ऐसी आपदाएँ आ चुकी हैं और मानवजाति आगे बढ़ती रही है।

उस दिन मैं लगभग 4500 वर्ष पहले की सिंधु घाटी सभ्यता के बारे में कह रहा था।

ऐसा माना जाता है कि अहमदाबाद के निकट के लोथल नामक स्थान को सिंधु घाटी सभ्यता के हड़प्पावासियों द्वारा विकसित किया गया था। पर एक दूसरी विचारधारा के अनुसार ऐसा लगता है कि लोथल की टाउनशिप वास्तव में वर्तमान रूप में स्थानीय निवासियों द्वारा ही विकसित की गई थी, जिन्हें पहले किसी महामारी के प्रकोप के दौरान संक्रामक बीमारी से निपटने के लिए मूल बस्ती से निष्कासित कर दिया गया था। इन्हीं निष्कासित स्थानीय लोगों ने इस तरह की एक उन्नत नई टाउनशिप विकसित करके प्रतिकूलता को अपने पक्ष में बदल दिया। लोथल की एक सभ्य नई बस्ती का आविर्भाव इन्हीं निष्कासित स्थानीय लोगों के द्वारा हुआ, इसलिए यदि आप पीछे देखते हैं तो आपको पता चलता है कि महामारी ने वास्तव में एक तरह से सभ्यता को आगे बढ़ाने और मानव-जाति को आगे बढ़ाने में मदद की।

"हालाँकि, कहते हैं कि मूल बस्ती का पतन मुख्यत: बार-बार आनेवाली बाढ़ों, जिनमें कुछ बड़ी बाढ़े भी थीं, के कारण हुआ। इसके अलावा, नदियों के प्रवाह बदलने से परिवहन प्रभावित हुआ और इस तरह अन्य स्थानों के साथ व्यापार।

"पर ऐसा नहीं लगता है कि मूल बस्ती की पूरी सभ्यता केवल बाढ़ों के आने से और नदियों के अपने प्रवाह बदलने से नष्ट हो गई हो। ये हमारे ऐतिहासिक और पुरातात्त्विक अभिलेखों में उल्लिखित कुछ कारण हैं। लेकिन ऐसा प्रतीत होता है कि शायद, गिरावट तब शुरू हुई, जब कुछ नदियाँ *(शायद सरस्वती नदी सहित)* सूख गईं, जिससे न केवल व्यापार, बल्कि कृषि भी प्रभावित हुई। अंततः मूल बस्ती के लोग मुख्य रूप से किसी महामारी की चपेट में आ गए, जिसके कारण पूरी बस्ती नष्ट हो गई।

हाँ, ये सभी दावे वर्तमान परिदृश्य में जो महसूस करते और देखते हैं, उसके आधार पर हैं।

"वास्तव में, यदि बाढ़ ही पतन का एकमात्र कारण होता तो पुरातत्त्वविदों को खुदाई में शहर के अवशेष न मिले होते, क्योंकि बाढ़ के पानी से अवशेष बह गए होते। यह केवल किसी महामारी के फैलने के कारण ही संभव हो सकता था। जिसने लगभग पूरे समुदाय को नष्ट कर दिया होगा, सिर्फ निर्जीव वस्तुओं को छोड़कर। जो लोग महामारी से बच गए, वे अपना सामान और घरों को छोड़कर भाग गए, जिनके निशान स्थल की खुदाई करने पर मिले हैं।

"इससे लगता है कि लोथल की एक नई सभ्य उन्नत बस्ती को उन्हीं स्थानीय लोगों ने विकसित किया था, जिन्हें पहले किसी संक्रमण वाली महामारी की चपेट में आ जाने से मूल बस्ती से निकाला गया था और उन निष्काषित लोगों ने नई अति उन्नत टाउनशिप विकसित करके प्रतिकूलता को अपने पक्ष में बदल दिया," मोहन ने कहा।

"यह तो वाकई कमाल हो गया, उनके जज्बे की दाद देनी होगी," प्रवीण ने कहा।

"बिल्कुल, सही कह रहे हो, पर अब तुम्हें आराम करना चाहिए। बाय," मोहन ने कहा।

"बाय! कल बात करते हैं," और प्रवीण ने फोन काट दिया।

18

अगले दिन फिर प्रवीण का फोन आ गया और कहने लगा, "बहुत रोचक और प्रेरणादायक लगी तुम्हारी कहानी पर एक बात समझ नहीं आई कि सिंधु घाटी सभ्यता लगभग 4500 वर्ष पहले की मानी जाती है, यानी ईसा से लगभग 2500 वर्ष पहले की है और यही काल तो श्रीकृष्ण और महाभारत का माना जाता है, फिर उन लोगों का जिक्र उसमें क्यों नहीं आता है?" प्रवीण ने आश्चर्य से कहा।

"हाँ, ठीक कह रहे हो। एक मान्यता के अनुसार, श्रीकृष्ण का जन्म ईसा से लगभग 3000 वर्ष पहले (3,228 ई.पू.) हुआ था। सिंधु घाटी सभ्यता ईसा से लगभग 3000 वर्ष पहले की मानी जाती है, चरम आज से लगभग 4500 वर्ष पहले का माना जाता है। इस हिसाब से यह वही काल होना चाहिए पर क्योंकि सिंधु घाटी सभ्यता की खोज और उत्खनन अंग्रेजों के जमाने में हुआ था तो शायद इस ओर ध्यान नहीं दिया गया, ऐसा प्रतीत होता है। और यही नहीं, कृष्ण की कर्मभूमि द्वारिका, गिरनार, सोमनाथ, विरावल (भालिका तीर्थ, जहाँ कृष्ण को जारा शिकारी का तीर लगा था) आदि सभी भी उसी क्षेत्र में हैं, पर उन सबका जिक्र नहीं आता। और जैसा कि मैं तुम्हें कल बता रहा था कि यहाँ तक लोथल को भी सिंधु घाटी सभ्यता के हड़प्पावासियों द्वारा विकसित किया गया बताया गया है। लोथल के स्थानीय निवासियों को इतनी उन्नत टाउनशिप विकसित करने का कोई क्षेय नहीं दिया गया है। क्या लोथल से पहले वह क्षेत्र या समाज इतना विकसित नहीं था, जो हड़प्पावासियों को आकर विकसित करना पड़ा? यह हो सकता है कि ऐसा इतिहास में शायद अंग्रेजों के प्रभाव के कारण दिखाया हो।

"कृष्ण से हमको इस आपदाकाल में प्रेरणा लेनी चाहिए, जो हमेशा विपदाओं का सामना करते रहे और आगे बढ़ते रहे। वे वास्तव में कर्मयोगी थे। महाभारत के समय कृष्ण की आयु 89 वर्ष की मानी जाती है और इस

आयु में भी उन्होंने नैतिकता, अच्छाई का साथ देने के लिए पूरे जोश के साथ महाभारत में भाग लिया और अर्जुन के रथ के सारथी का दायित्व निभाया, जो किसी चमत्कार से कम नहीं था। महाभारत के युद्ध में पांडवों की विजय में उनके योगदान के बारे में कुछ कहना सूरज को रोशनी दिखाने जैसा है। उनकी बसाई हुई प्यारी नगरी द्वारिका समुद्र में डूब गई पर वे रुके नहीं।

हम लोगों को भी रुकना नहीं है, बस, यों ही गुनगुनाते चलते रहना है—

रुक जाना नहीं तू कोरोना से हारकर
डिस्टेनसिंग पर चलकर मिलेंगे साए बहार के
रुक जाना नहीं तू कोरोना से हारकर
मास्क में रहकर मिलेंगे साए बहार के
ओ राही, ओ राही...

कोरोना देख रुक गया है तेरे आगे झुक गया है
कोरोना देख रुक गया है तेरे आगे झुक गया है
ओ राही, ओ राही...

साथी न कारवाँ हो, ये तेरा इम्तिहाँ है,
यूँ ही चला चल डिस्टेनसिंग के सहारे
करती है मंजिल तुझको इशारे
देख कहीं कोई पास न आए तुझको पुकार के
ओ राही, ओ राही..." मोहन ने उत्साह बढ़ाया।

19

प्रवीण ने फोन पर बताया कि वह थोड़ी देर के लिए ऑफिस गया था, "हाँ मोहन, आज मैं थोड़ी देर के लिए ऑफिस गया था, जाकर देखने के

लिए। ठीक लगा। बस, एक घंटे ही रुका। अब मैं सोच रहा हूँ कि दो दिन बाद सोमवार से 3-4 घंटे के लिए नियमित तौर पर जाना शुरू करूँगा।"

"ठीक है, पर अभी आराम-आराम से ही जाओ। पहले भी तबीयत ढीली होने पर एक दिन बाद चले गए थे और फिर जोर से बीमार पड़ गए। ध्यान से जाओ और ध्यान रखो," मोहन ने हिदायत दी।

"हाँ, ठीक कह रहे हो, पर जाना तो शुरू करना ही पड़ेगा, अब लॉकडाउन भी पूरी तरह से खुल गया है। मैं कैब से ही आया-गया था। जाने में बस, कैब ऑफिस के पास डिवाइडर से टकराते-टकराते बची। जब ऑफिस आने को हुआ तो गाड़ी रोकने के लिए मैंने पिछली सीट से ड्राइवर की पीठ को धीरे से थपथपाया, पर वह इतनी जोर से चौंका कि पूरी गाड़ी लहरा गई और डिवाइडर से टकराते-टकराते बची। ड्राइवर पसीने-पसीने हो रहा था। मेरे कहने पर 'सौरी साब' कहने लगा। मैंने कहा कि सावधानी से चलाया करो। इस पर वो धीरे-धीरे कहने लगा, 'साब, इससे पहले मैं कोविड हॉस्पिटल की वैन चलाता था और लाशों को ढोने का काम करता था और जब आपने हाथ से रुकने का इशारा किया तो मैं एकदम चौंक गया और गाड़ी लहरा गई। इसीलिए जैसे ही लॉकडाउन खुला, मैंने वो नौकरी छोड़ दी और कैब चलाने लगा।' उसने धीरे से गाड़ी साइड में की और मैं उतरकर ऑफिस चला गया," प्रवीण ने कहा।

"पर लोग अभी भी ऑफिस में मास्क नहीं लगा रहे हैं, सावधानियाँ नहीं बरत रहे," प्रवीण ने आगे कहा।

"यह तो ठीक नहीं है! सारी सावधानियाँ बरतना और सतर्क रहना बहुत जरूरी है। याद रखना चाहिए—

लॉकडाउन खत्म हो गया है
पर कोविड नहीं,
जब तक दवाई नहीं
तब तक ढिलाई नहीं।

कोरोना प्रोटोकॉल का पालन करना बहुत जरूरी है," मोहन ने चेताया।

"हाँ, बिल्कुल! अभी हमारी बिल्डिंग में बाजपेयीजी के यहाँ बिटिया की शादी थी जो बहुत दिनों से लॉकडाउन की वजह से रुकी हुई थी। उनके बेटे और बहू भी शादी के लिए ऑस्ट्रेलिया से आए हुए थे, जिन्हें एयरपोर्ट पर ही घर पर 14 दिनों के लिए कोरेनटाइन में रहने की हिदायत दी गई थी। पर घर पहुँचने के बाद सबके मना करने के बावजूद भी वे लोग अपने को रोक नहीं सके और मंगेतर से मिलने चले गए। अगले दिन ही मंगेतर को बुखार आ गया और फिर सबका कोरोना टेस्ट होने पर मंगेतर और ऑस्ट्रेलिया से आई हुई बहू को कोरोना पाजिटिव निकला। अब मंगेतर अस्पताल में भरती है और फिर से शादी स्थगित करनी पड़ी," प्रवीण ने कहा।

"हाँ सबका संयम बरतना और सतर्क रहना बहुत जरूरी है।··· चलो फिर बात करते हैं, ध्यान रखना!" मोहन ने कहा।

"बाय!" और प्रवीण ने फोन काट दिया।

20

प्रवीण अब आधे टाइम के लिए ऑफिस जाने लगा था, हालाँकि, यह बात अलग थी कि कम समय के लिए जाने में उसे अच्छा नहीं लग रहा था और खाली-खाली महसूस कर रहा था। सुनील ने नियमित तौर पर मरीज देखना शुरू कर दिए थे और मोहन पहले ही कोरेनटाइन से बाहर आ गया था। जिंदगी कुछ बंदिशों के साथ तेजी से सामान्य होने लगी थी।

प्रवीण ने फोन पर मोहन को याद दिलाया कि मई में स्कूल साथियों का 'गेट-टूगेदर' होना था, पर कोरोना के चलते नहीं हो पाया था।

"हाँ, ठीक कह रहे हो पर अभी भी नहीं कर सकते हैं।···बहुत दिन हो गए मिले हुए," मोहन ने कहा।

"अभी तो दो-तीन महीने और इंतजार करना पड़ेगा," प्रवीण थोड़ा हताश होकर बोला।

"अच्छा, एक काम करते हैं। मेरे दिमाग में एक आइडिया आया, क्यों न इस बार वीडियो कॉन्फ्रेंसिंग करके वर्चुअल गेट-टूगेदर करके देखा जाए⋯," मोहन ने सुझाव दिया।

"पर इतने लोग जुड़ेंगे कैसे?" प्रवीण ने पूछा।

"हम लोग नए एप जूम या गूगल-मीट पर वीडियो कॉन्फ्रेंसिंग करेंगे। इन पर बहुत से लोगों की वीडियो कॉन्फ्रेंसिंग एक साथ कर सकते हैं और इस तरह इन पर वीडियो कॉन्फ्रेंसिंग में सब लोग एकसाथ जुड़ जाएँगे," मोहन ने कहा।

"आइडिया अच्छा है, इसमें सारे लोग जुड़ जाएँगे?" प्रवीण एकदम आशन्वित होकर बोला।

"हाँ, इसमें सारे लोग जुड़ जाएँगे और यह वीडियो कॉन्फ्रेंसिंग की तरह होता है। इसमें एक-दूसरे को देखने के अलावा दूर-दूर दूसरी जगहों पर रहनेवालों से भी मिल सकेंगे, जो फिजिकल गेट-टूगेदर में नहीं आ सकते हैं," मोहन ने कहा।

"और एक और बहुत बड़ी चीज, पत्नियाँ नहीं होंगी तो थोड़ी फ्रीडम रहेगी," प्रवीण हँसने लगा।

"हा-हा-हा-हा-हा⋯ठीक है तो हम लोग इस इतवार को शाम को 6:30 बजे वर्चुअल गेट-टूगेदर जूम पर रखते हैं," मोहन ने कहा।

"बिल्कुल ठीक है। तुम ही जूम सेट-अप कर देना," प्रवीण बोला।

"डन!⋯ठीक है मैं सेट-अप कर दूँगा और सब दोस्तों को आई-डी के साथ इनविटेशन व्हाट्सएप पर भेज दूँगा," मोहन तैयार हो गया।

"मिलते हैं फिर जूम पर⋯" और प्रवीण ने फोन काट दिया।

21

रविवार शाम को 6:30 बजे स्कूल दोस्तों का वर्चुअल गेट-टूगेदर जूम पर—

हैलो…हैलो…हाय कहाँ थे बे!…बहुत दिनों बाद देख रहे हैं एक-दूसरे को!…अबे कोरोना ने तो ऐसी-की-तैसी कर दी, वही श्रीमती जी की शक्ल देख-देखकर चट गए…सबका वही हाल है…

....

....

....

मोहन : अच्छा दोस्तों अब फोर्मली शुरू किया जाए, काफी लोग आ गए हैं…, मतलब जुड़ गए हैं… प्रवीण…

(तालियाँ…तालियाँ…तालियाँ…)

प्रवीण : हैलो फ्रेंड्स! आप सभी का जूम पर इस वर्चुअल गेट-टूगेदर में स्वागत है। मई में जो गेट-टूगेदर कोरोना की वजह से नहीं हो पाया था, वो अब हो रहा है। हालाँकि, यह वर्चुअल जरूर है, पर बहुत से मायनों में फिजिकल से बेहतर है। कहीं आना-जाना नहीं पड़ा। इसमें दूर-दूर से अलग-अलग जगहों से भी लोग जुड़ सके, जैसे अनिलेंद्र विशाखापत्तनम से, निर्मल पूना से, प्रशांत दिल्ली से, देवेंदु नई-दिल्ली से, विवेक आगरा से और बाकी बहुत सारे लोग लखनऊ-कानपुर से। फिर पत्नियों के न होने से थोड़ी फ्रीडम रहेगी। बस, इसमें कुछ खाने-पीने को नहीं मिलेगा।

हा-हा-हा-हा-हा-हा-हा…

गोपाल : अरे, खाने-पीने कोई बात नहीं, हो तो रहा है इस कोरोना काल में सारी रुकावटों, पाबंदियों और विपदाओं के बाद! यह क्या कोई कम है? चिंता मत करो, जल्दी ही हम लोग फिर पहले की तरह बैठेंगे साथ-साथ, फिर खाएँगे चाट साथ-साथ जैसे दो साल पहले खाई थी…

प्रवीण : वेलकम सुनील…

सुनील : हाँ, यार थोड़ी देर हो गई, मरीज को देखने जाना पड़ा।

गोपाल : बिल्कुल, वो सबसे पहले, सबसे जरूरी है।

सुनील : यहाँ तो निर्मल वगैरह दूसरी जगहों के भी लोग दिख रहे हैं।

निर्मल : हाँ, वैसे तो मैं पूना में रहता हूँ पर आजकल अमेरिका में न्यू जर्सी में आया हुआ हूँ। पूना से ही फिजिकल गेट-टूगेदर में आना नामुमकिन था,

यहाँ से तो सोच भी नहीं सकता। मैं जूम की वजह से सबको देख पा रहा हूँ।

मोहन : जूम की वजह से हम वह सब भी देख सकते हैं, जो वैसे न देख पाएँ, जैसा कि अमेरिका में हुआ।

प्रवीण : वहाँ क्या हुआ?

मोहन : अरे यार, जूम पर किसी ने कुछ ऐसी बात छेड़ दी कि एक साहब वहीं अपने हाथ··से चालू हो गए··

··हो-हो-हो··हो-हो-हो··हो-हो-हो··हो-हो-हो-हो-हो-हो-हो

आशुतोष : बेटा सब रिकार्ड होता है जूम पर··

मोहन : होता है तो होने दो··उसकी··

हा-हा-हा-हा-हा-हा-हा-हा-हाहा-हा-हाहा-हा-हाहा-हा-हा

प्रशांत : यही स्प्रिट होनी चाहिए। किसी ने सही फरमाया है··

उम्र का बढ़ना तो दस्तूरे जहाँ है··

उम्र का बढ़ना तो दस्तूरे जहाँ है!

पर महसूस न करो··तो बढ़ती कहाँ है!!

...

चंद्र मोहन : बिल्कुल सही। उम्र की ऐसी की तैसी··किसी ने सही कहा है—

उम्र 65 के पार है, लेकिन
शक्ल हमारी पचास के जैसी।
मुझको uncle कहनेवालों,
तुम्हारी ऐसी-की-तैसी।

नीयत मेरी साफ है यारों··,
नहीं हरकतें ऐसी-वैसी।
मुझको uncle कहनेवालों,
तुम्हारी ऐसी-की-तैसी।

कितनी जंग लड़ी और जीतीं,
इन गुजरे सालों में।
दो-एक झुर्रियाँ गालों में हैं,
और सफेदी बालों में।

इरादे मगर मजबूत हैं अब भी,
उमंग भी सॉलिड पहले जैसी।
मुझको uncle कहनेवालों,
तुम्हारी ऐसी-की-तैसी।

जीने का जज्बा कायम हो तो,
उम्र की गिनती फिर फिजूल है।
अपने शौक को जिंदा रखो,
जीने का बस यही उसूल है।

जिंदादिली का नाम है जीवन,
परिस्थितियाँ हों चाहे जैसी।
मुझको uncle कहनेवालों,
तुम्हारी ऐसी-की-तैसी।

मोहन : बहुत सही। वाकई उम्र की ऐसी-की-तैसी…यहाँ तो उम्र के इस पड़ाव में भी हो जाता है…

देवेंदु : अबे क्या हो जाता है?

मोहन : अरे वही,…सोते-सोते हो जाता है…क्या कहते हैं…

हा-हा-हा-हा-हा-हा-हा-हा-हा-हा-हा-हा…

शशांक : यह तो बायोलोजीकल प्रक्रिया है, इसमें क्या है। बरतन भर जाएगा तो ओवरफ्लो करेगा ही।

अनिलेंद्र : शशांक सही कह रहा होगा, डॉक्टर जो है।

जितेंद्र : बिल्कुल!

मोहन : हाँ, पर सबकुछ बदल गया है, पहले से अब तक सिर्फ इसको छोड़कर।

अनूप : क्या बदल गया है?

मोहन : जिंदगी में सभी कुछ बदल गया है पहले से अब तक धीरे-धीरे।··· पहले बचपन में सड़क के आर-पार क्रिकेट खेला करते थे, फिर सड़क पर भीड़ बढ़ने पर धीरे-धीरे सड़क के साथ-साथ किनारे-किनारे खेलने लगे और अब सोच भी नहीं सकते हैं कि कभी हम सड़क पर भी खेला करते थे···पहले मोहल्ले भर में चोर-चोर खेला करते थे, मोहल्ले के हर मकान का कोना-कोना मालूम था। अब यही नहीं मालूम होता है कि बिल्कुल बगल में कौन रहता है···

एहकाम : एकदम सही कह रहे हो, यही नहीं मालूम पड़ता कि बगल में कौन रहता है!

श्याम : बिल्कुल ठीक कहा मोहन ने! सबकुछ बदल गया, बहुत सी चीजें बिल्कुल नदारद हो गईं···

घर-घर जले गैस के चूल्हे,
चिमनी वाली फूँक नदारद।
मिक्सी, लोहे की अलमारी,
सिलबट्टा, संदूक नदारद।

पक्के ईंटोंवाले घर हैं,
छप्पर और खपरैल नदारद।
बिछे खड़ंजे गली-गली में,
धूल-धूसरित गैल नदारद।

तरुण : पहले सोचते थे कि कोई मिलने क्यों नहीं आया और अब कोरोना के बाद सोचते हैं कि कहीं कोई मिलने न आ जाए···कोरोना ने सब बदल दिया, सब बेहाल कर दिया।

मोहन : परेशान नहीं होना है, बस हमें वर्तमान की चुनौतियों को स्वीकार

करते हुए अपने को नई परिस्थितियों में ढालना है।···तुमने देखा ही कि जब कोरोना की वजह से वास्तविक गेट–टूगेदर नहीं हो पा रहा था तो हम लोगों ने कैसे वास्तविक गेट–टूगेदर के बजाय जूम पर वर्चुअल गेट–टूगेदर कर लिया। यह एक तरह से अच्छा ही रहा, क्योंकि इसमें दूर–दूर से लोग जुड़ सके। कहीं किसी को आना–जाना नहीं पड़ा।···अब जब कोरोना की वजह से ऑफिस नहीं जा पा रहे हैं तो सारा काम 'वर्क फ्रॉम होम' (work-from-home) होने लगा, यहाँ तक कि मीटिंग वगैरह भी ऑनलाइन हो जाती हैं। ऑफिस नहीं जाना पड़ता है।···परेशान नहीं होना है, बस अपने को नई परिस्थितियों में ढालना है। सबको अपना ध्यान रखना है और नियमों का पालन करना है। मास्क, सोशल डिस्टेनसिंग और हाथ धोते रहना है।

प्रवीण : विवेक, आगरा में कोरोना के क्या हाल हैं?

विवेक : बीच में बहुत हो गया था, अब फिर भी ठीक है।

ओमप्रकाश : यहाँ लखनऊ में भी बहुत फैल गया था पर गनीमत रही कि गाँवों में नहीं फैला।

अनिल : यहाँ कानपुर में भी बहुत फैल गया था, अब थोड़ा कंट्रोल है।

रामकुमार : बहुत सावधानी रखने की जरूरत है।

गणेश : खासकर कोरोना की दूसरी लहर से।

विमल : बिल्कुल, बहुत जरूरी है।

भईया, हरीकांत, धर्मचंद (एक साथ) : एकदम सही कह रहे हो।

हंसाराम : खासकर जब तक कोई वैक्सीन नहीं आ जाती!

कुलदीप : हाँ, तब तक कोई ठिलाई नहीं करनी।

सुरेश : उसके बाद ही कुछ सोच सकते हैं।

सुधीर : बिल्कुल!

राकेश : तभी उसके बाद ही शायद हम लोग वास्तविक गेट–टूगेदर में मिल पाएँ।

मोहन : हाँ।···हम लोगों का जूम गेट–टूगेदर का ट्रायल अच्छा रहा। दोस्तों अब जूम का टाइम खत्म हो रहा है···

प्रवीण : जूम का नहीं, जूम का फ्री वाला टाइम खत्म हो रहा है···मोहन को

तो हर चीज सिर्फ फ्री वाली करनी होती है।···अभी बच्चे आ रहे थे तो मोहन ने उनके लिए ओपटीक-फाएवर वाले नेट का एक महीनेवाला ट्रायल पैक लेकर 29 दिनों तक खूब रगड़ा और 30वें दिन बेकार कहकर हटवा दिया।

···हा-हा-हा-हा-हा-हा-हा
अच्छा तो अब चलते हैं, फिर मिलेंगे···
बाय···बाय···बाय···बाय···बाय
···बाय···बाय···बाय···बाय···

22

"यह क्या हो रहा था? क्या जूम था?" मोहन की श्रीमतीजी ने पूछा।

"जूम पर स्कूल दोस्तों का गेट-टूगेदर हो रहा था," मोहन ने कहा।

"फिर हम लोगों को क्यों नहीं जोड़ा?" श्रीमतीजी ने फिर पूछा।

"असली में आज पहली बार कर रहे थे, एक तरह से ट्रायल था," मोहन ने कहा।

"अच्छा, फिर एक बार परिवारवालों का जूम करके देखो, सबसे मुलाकात हो जाएगी और पता भी चल जाएगा कि दुनिया में कोरोना का क्या चल रहा है," श्रीमती जी ने कहा।

"आइडिया अच्छा है। करते हैं," मोहन बोला।

और अगले रविवार को रात 9:30 बजे की जूम पार्टी तय हो गई। चूँकि पारिवारिक सदस्य देश-विदेशों में फैले हुए थे, इसलिए सबकी सहूलियत देखते हुए यह समय तय किया गया था।

23

इतवार शाम पंद्रह नवंबर को 9:30 बजे जूम पर वर्चुअल पारिवारिक गेट-टूगेदर—

हैलो···हैलो···हाय···बहुत दिनों बाद देख रहे हैं एक-दूसरे को!···कोरोना

ने तो ऐसी-की-तैसी कर दी, वही शक्ल देखते रहिए···सबका वही हाल है।

...

···मौसीजी आइए।···मौसीजी प्रणाम (···सब एक साथ सावित्री मौसीजी को प्रणाम करने लगते हैं···)। आपका शामिल होना जरूरी था, आप सबसे बढ़ी हैं।···आहा! राजीव-सुनीता, नीरज-अनीता और स्वेता-मलये भी हैं।

...

मोहन : हैलो एव्री-वन! यह जूम का फ्री वाला ट्रायल पैक है, इसलिए जल्दी खत्म होगा पर हम लोग मिल तो सके।

अतिशी : मोहन काका, इससे ज्यादा आपसे उम्मीद भी नहीं की जा सकती है···

हो··हो··हो··हो··हो··हो···

अतिशी : पर काका जूम पर वर्चुअल गेट-टूगेदर करके अच्छा किया।··· हम लोग भी हर साल स्कूल के वार्षिक दिवस पर शामिल होते थे पर इस साल कोरोना के चलते वार्षिक दिवस नहीं हो सका तो हम लोगों ने विडियो पर अपने अपने परफॉर्मेंस शेयर किए। बहुत मजा आया। मैंने हिंदुस्तानी शास्त्रीय संगीत में गायन किया जिसकी प्रैक्टिस कोरोना के पहले करने की सोच भी नहीं सकती थी। मैं आपको लिंक भेजूँगी।

मोहन : बहुत अच्छा किया! जिन शौकों को आप पहले नहीं कर सकते थे, वो आप अब कर सकते हैं। बस आपको नई परिस्थितियों में ढालना होगा।··· वहाँ सिलिकॉन वैली में ठंड कैसी है? और कोरोना?

अतिशी-प्रियेंद्र : ठंड तो नहीं है, पर कोरोना तो है ही।

सुधा-सुभाष : उषा भावीजी आप कैसे हैं?

उषा : मैं तो यहाँ अमेरिका प्रदीप के पास घूमने आई थी पर कोरोना के शुरू हो जाने से ह्यूस्टन में आकर फँस गयी। खैर वीसा छह महीने के लिए और बढ़ा दिया गया है।

···सुची-आरिफ कैसे हैं?

सुधा : सुभाष-सुची-आरिफ-जाकिर-नितिन सभी एकदम ठीक हैं। यहाँ टोरांटो में तो अच्छी ठंडक शुरू हो गई पर कोरोना अभी उतना नहीं

है, वैसे भी और जगह के देखते हुए कनाडा में कोरोना की मार कम ही थी। इंडिया में कैसा है ?

आदित्य–नीता : ठंड तो शुरू हो रही है पर कोरोना अभी बीच में बहुत हो गया था इंडिया में।

पंकज–ममता : अभी फिर भी थोड़ा कंट्रोल हुआ है। यहाँ मुंबई में तो बहुत फैल गया था।

अनंत–रीमा : और मुंबई से भी ज्यादा पूना में फैल गया था।

अवनी–मुकुल : यहाँ वाशिंगटन में ठंड तो अभी नहीं है पर कोरोना तो है ही, लेकिन सबकुछ खोल दिया गया है। ईशान, अरमान स्कूल जाने लगे हैं।

अतिशी–प्रियेंद्र : यहाँ सिलिकॉन वैली में भी स्कूल खोल दिए हैं और राधा, रिधि भी स्कूल जाने लगे हैं।

मोहन : सुमित–प्रिया इंग्लैंड की क्या पोजीशन है ?

सुमित–प्रिया : यहाँ इंग्लैंड में भी बच्चे कोविल, राएना स्कूल जाने लगे हैं, पर अब कोरोना की दूसरी लहर आने की आशंका में दोबारा लाकडाउन लगाने की बात चल रही है। इंडिया में स्कूलों की क्या पोजीशन है ?

अतुल–ज्योति : इंडिया में भी कुछ–कुछ स्कूल खोल दिए गए हैं। यहाँ हैदराबाद में बड़े बच्चों के स्कूल खोल दिए गए हैं पर छोटे बच्चों की पढ़ाई अभी भी ऑनलाइन ही चल रही है।

अमित–अलका : हाँ, हैदराबाद में अतिज और खुशी भी मास्क वगैरह लगाकर स्कूल जाने लगे हैं।

अक्षय–शिखा : यहाँ कलकत्ते में कोरोना होने के बावजूद भी दुर्गा–पूजा में डिस्टेनसिंग का कोई ध्यान ही नहीं रखा गया। शैरी, हर्ष बता रहे थे कि गोआ में फिर भी ठीक रहा।

मोहन : मंयक–मेघा बैंगलोर में क्या हाल हैं ?

मयंक–मेघा : यहाँ भी कोरोना तो है पर घटता–बढ़ता रहता है।

अपूर्व–रिचा : पर दिल्ली में तो अभी भी कंट्रोल में नहीं आ रहा है।

मोहित : हाँ, दिल्ली में तो थोड़ा सा कम होता है और फिर बढ़ जाता है।

नेहा–तरुण : गाजियाबाद में भी ऐसे ही हो रहा है।

मोहन : हम लोगों को परेशान नहीं होना है, बस हम सबको अपना अपना ध्यान रखना है और कोई ठिलाई नहीं देनी है। मास्क, सोशल डिस्टेनसिंग और हाथ धोते रहना है। अपने को नई परिस्थितियों में ठालना है।

अवनी : हाँ बिल्कुल। अभी जब घर में रहने का ज्यादा मौका मिल रहा है तो हमें खुद को खोजने यानी अपने पीछे छूट गए शौक और प्रतिभा को निखारने का मौका मिल रहा है। अब देखिए, मुकुल-ईशान-अरमान पिआनो सीखने लग गए।

अमित : मैंने और अतिज ने इन दिनों घर पर स्मार्ट फोन पर बहुत से वीडियो बना डाले।

आदित्य : मैं और नीता अपना गाने का शौक पूरा कर रहे हैं।

स्वाती-निश्चय : हम लोग आजकल अपना टू-लाइनर लिखने का शौक पूरा कर रहे हैं।

ममता : कोरोना काल ने हमें काफी कुछ अच्छा भी सिखाया है। मैंने अपनी बालकनी में बागवानी करना सीख लिया।

प्रिया : मैंने भी छत पर बागवानी करना सीख लिया।

अतुल : अचानक इस तरह की स्थिति आ जाने पर हमने जाना है कि हम अपनी न्यूनतम जरूरतों के साथ कैसे जिंदगी चला सकते हैं नहीं तो हम वह सब सामान भी जमा कर लेते थे जिसकी ज्यादा जरूरत नहीं होती थी

अक्षय : कोरोना काल की वजह से दूसरों की मदद करने की भावना भी जाग्रत हुई।

अलका : इस दौरान घर में पूरा परिवार साथ रहा तो सबने जाना कि घर के क्या काम होते हैं। घर का हर सदस्य अपना काम खुद करने लगा।

अनंत : हम आदमी लोग भी घर के कामों में मदद करने लगे।

ज्योति : हमने अपने खाने-पीने के तौर तरीके मैं बदलाव किया। इम्यूनिटी और हाइजीन के मद्देनजर घर पर ही संतुलित खाना बनाने लगे।

शिखा : और हमने इस दौरान किसी भी चीज को बर्बाद नहीं करना सीखा है। घर में रहने से खर्चे भी घटे हैं।

मोहन : स्वाति-निश्चय अब तुम लोग कुछ अपनी शायरी ही सुना दो,

तुम्हारे शहर दिल्ली की कोरोना की खबरें तो बहुत हो गईं।

स्वाति-निश्चय : अच्छा।

...

कोई गरीब न होता,
कोई सेठ न होता,
अगर आदमी के यह पेट न होता

कोरोना इतना फैला न होता
अगर हमने रिस्क लिया न होता
...

मोहन : सुधा जीजी, अब दो लाइन आप भी सुनाई ही दीजिए।

सुधा : पहले मैं एक पुराने गाने 'बचपन के दिन भी···' के मुखड़े पर कोविड पैरोडी सुनाती हूँ—

....

कोविड के पहले क्या दिन थे,
उड़ते फिरते तितली बन!!!

....

लेकिन परेशान नहीं होना है क्योंकि···

...

हम होंगे कामयाब, हम होंगे कामयाब। हम होंगे कामयाब, एक दिन, एक दिन।।

मन में पूरा है विश्वास, पूरा है विश्वास।

हम होंगे कामयाब एक दिन।।

उड़ेगें फिर तितली बन, उड़ेगें फिर तितली बन। उड़ेगें फिर तितली बन, एक दिन, एक दिन।।

मन में पूरा है विश्वास, पूरा है विश्वास।

हम उभरेंगे कोविड से एक दिन।।

...

...

मौसीजी : अरे वाह! मजा आ गया। बहुत अच्छा!

...इंदु, मेरठ में नीरज-ऋचा कैसे हैं?

इंदु : मेरठ में सब लोग नीरज-ऋचा-प्रियंका-उदित-हंसा-ध्रुव एकदम ठीक हैं, मौसीजी।

मोहन : जूम का फ्री का टाइम खत्म हो रहा है। बहुत अच्छा लगा सबसे मिलकर और पूरी दुनिया के कोरोना के अक्तूबर-नवंबर के हाल जानकर जो अब कम हो रहा है। अच्छा तो अब चलते हैं...

...फिर कब मिलेंगे...बाय-बाय...बाय ...बाय-बाय...

...

...

24

मोहन के एक दोस्त मनोहरश्याम के बेटे रवि की डिग्री खत्म होने का आ रही थी। कोरोना होने की वजह से इंस्टीट्यूट में नये जुलाई सत्र से सब ऑनलाइन चल रहा था। अब नवंबर आ गया था और वो अब नौकरी के ऑनलाइन कैंपस इंटरव्यू की तैयारी कर रहा था। एक महीने बाद कंपनियाँ आने वाली थी। उसने बड़े जोरों से तैयारी करी थी। जैसे-जैसे इंटरव्यू के दिन नजदीक आने लगे उसके दिल की धड़कन भी बढ़ने लगी। किंतु दुर्भाग्यवश इंटरव्यू शुरू होने से जरा से पहले उसे कोरोना हो गया। जब कंपनियों की शॉर्टलिस्ट आना शुरू हुई तो उसका दिल बिल्कुल टूट ही गया क्योंकि शॉर्टलिस्टेड होने के बावजूद भी कोरोना की वजह से किसी भी इंटरव्यू में शामिल नहीं हो पा रहा था। हालाँकि वो अब ठीक होता जा रहा था पर धीरे-धीरे कंपनियाँ भी खत्म होने लगी थी। जिन लोगों की नौकरियां लग गई थीं वो बहुत खुश थे। उसके सारे दोस्त उसके लिए ताना मारकर उसे बेरोजगार कह कर बुलाने लगे थे। बैच में जहाँ लोगों की लाखों रुपयों में नौकरियां लगी थी

वहीं दूसरी तरफ वो कोरोना होने की वजह से बेरोजगार था।

तभी अचानक से एक बड़ी अंतर्राष्ट्रीय कम्पनी ने कैंपस इंटरव्यू लेने की इच्छा व्यक्त की। चूँकि बहुत अच्छी कंपनी थी इसलिए सभी लोग इंटरव्यू में शामिल होने चाहते थे। पर नियमानुसार जिन लोगों की नौकरियां लग गयी थीं वो अब इंटरव्यू में शामिल नहीं हो सकते थे। कंपनी की शॉर्टलिस्ट में उसका नाम था ही। उसने तैयारी तो करी ही रखी थी सो इंटरव्यू के बाद उसकी नौकरी लग गई। पता चला कि उसकी तनख्वाह अपने बैच में सबसे ज्यादा थी। एक दिन के अंदर वो कोरोना की वजह से बेरोजगार से साहब बन गया था।

अगर उसे कोरोना न हुआ होता तो उसकी नौकरी भी अब तक कहीं लग गई होती और वह भी इस कंपनी के इंटरव्यू में नियमानुसार शामिल नहीं हो पाता। यह तो आपदा में अवसर हो गया। मनोहरश्याम ने बेटे के लिए ठीक ही कहा कि पता नहीं क्या चीज किस भेष में वरदान बन जाए।

25

सबका हाल लेने के बाद मोहन को लगा क्यो न देश-विदेश में बसे उसके IIT Kanpur के बैच सहपाठीयों से कोरोना काल के बारे में पूछा जाए। वैसे भी उनसे मिले बहुत समय हो गया था। चैट करने पर मालूम हुआ कि सभी अपने नियमित कामों के अलावा कोरोना काल में कुछ-न-कुछ और भी रचनात्मक कार्य कर रहें हैं।

निखिल ने इस समय का उपयोग अरकाईव पर अपने पुराने फोटो और नोटस को व्यवस्थित करने में किया। हरि तोशनीवाल अपनी फैक्ट्री में और सामानों के अलावा मुफ्त वितरण के लिए ppe kit भी बनाने लगा। दिल्ली में रंजन कौल ने पेंटिंग बनानी शुरू कर दी जिनकी एकल प्रदर्शनी भी लगी तो अरिजित बोस बैच निधि के पर्यवेक्षण में व्यस्त हो गया।

शशांक मेहता IIT प्रोफेसर के पद से सेवानिवृत्त होने के बाद नेट पर बच्चों को कोच करने लगा तो उधर न्यूयॉर्क यू.एस.ए. में अंबरीष माथुर अपने घर के पास के गोल्फ कोर्स में प्रैक्टिस करके बहुत अच्छा गोल्फर

बन गया। साथ ही मीडिया पर स्ट्रीमिंग करके नई-नई जानकारी हासिल करने लगा जिसके लिए पहले बिल्कुल समय नहीं दे पाता था। प्रदीप दीक्षित कैलीफोर्निया, अमेरिका में सुबह-शाम परिवार के साथ अपना हाईकिंग का शौक पूरा कर रहा है जब इन रास्तों में लोग नहीं होते, अलावा अपने पढ़ने के शौक को पूरा करने के। अमेरिका के ऑस्टिन, टेक्सास में रहने वाला मोहंती आनलाइन पढ़ाते-पढ़ाते वीडियो बनाने और ज़ूम वीडियो कॉन्फ्रेंसिंग में पारंगत हो गया। साथ ही इस दौरान वह अपने नक्षत्रों के अध्ययन (astronomy) के शौक को ज्यादा समय दे सका।

26

प्रवीण ने गेट-टूगेदर आयोजित करने के लिए मोहन को धन्यवाद देते हुए आगे फोन पर बताया कि वह अब पूरे टाइम के लिए ऑफिस जाने लगा था और उसे अब ऑफिस में ठीक लगने लगा, "अब ऑफिस में एकदम ठीक लग रहा है।"

"बहुत अच्छा! बस, सारी सावधानियाँ बरतो और मास्क जरूर पहनो," मोहन ने हिदायत देते हुए कहा।

"हाँ बिल्कुल! मैं तो मास्क हमेशा पहने रहता हूँ, पर लोग नहीं पहनते हैं। कहने पर पहनते हैं, पर मैं बिना मास्क पहने आदमी से बातचीत नहीं करता हूँ," प्रवीण ने बताया।

"हाँ, अपना ध्यान जरूर रखो।...हमें वर्तमान की चुनौतियों को स्वीकार करते हुए सहज रहना है। अपने को नई परिस्थितियों में ढालना है।...तुमने देखा ही कि जब कोरोना की वजह से वास्तविक गेट-टूगेदर नहीं हो पा रहा था तो हम लोगों ने कैसे वास्तविक गेट-टूगेदर के बजाय ज़ूम पर वर्चुअल गेट-टूगेदर कर लिया। यह एक तरह से अच्छा ही रहा, क्योंकि इसमें दूर-दूर से लोग जुड़ सके। कहीं किसी को आना-जाना नहीं पड़ा।...अब जब कोरोना की वजह से ऑफिस नहीं जा पा रहे हैं तो सारा काम 'वर्क फ्रॉम होम' (work-from-home) होने लगा, यहाँ तक कि मीटिंग वगैरह भी ऑनलाइन हो जाती हैं।

ऑफिस नहीं जाना पड़ता है।…जो आयोजन जरूरी हैं, जैसे शादी आदि तो उनमें शामिल होनेवाले मेहमानों की संख्या को सीमित कर दिया गया है और उनको बुलाना भी चरणों में अलग-अलग समय पर होगा। मेहमानों की संख्या को सीमित करने से फिजूलखर्ची और दिखावा कम हुआ।…" मोहन अभी अपनी बात पूरी कर पाता इसके पहले ही प्रवीण बीच में बोलने लगा, "हाँ यार, अभी मुझे भी एक परिचित के यहाँ से शादी का कार्ड मिला था और मैं वहाँ चला गया। वहाँ जाकर बाहर बैठे पुलिसवालों से पता लगा कि शादी का कार्ड तो सिर्फ सूचनार्थ था और वह निमंत्रण नहीं था तथा सीमित मेहमानों की लिस्ट में मेरा नाम नहीं था, फिर मुझे वहाँ से ऐसे ही लौटना पड़ा।"

"अच्छा! हम लोगों को अब इन नई परिस्थितियों का आदी होना पड़ेगा।

"…अब मुझे ही देखो, पहले मैं मॉर्निंग-वॉक पर पार्क में जाता था, फिर कोरोना के आने पर मोहल्ले की गलियों में टहलना लगा और जब ज्यादा बढ़ने लगा तो मैं घर में ही घूमने लगा।…परेशान नहीं होना है, बस अपने को नई परिस्थितियों में ढालना है। सबको अपना ध्यान रखना है, स्वस्थ रहना है और नियमों का पालन करना है। मास्क, सोशल डिस्टेनसिंग और हाथ धोते रहना है," मोहन ने कहा।

"जब तक वैक्सीन नहीं आ जाती, तब तक सबको सतर्क रहना है और सावधानियाँ जरूर बरतनी हैं। वैक्सीन की बेसब्री में और उसके बाद भी हमें बेफिक्र नहीं होना है, हालाँकि लोग सामान्य जिंदगी में वापस लौटने की आस लगाए बैठे हैं पर फिर भी वर्तमान हालात हमें अभी बेफिक्र होने की अनुमति नहीं देते। हाथ धोना, भीड़भाड़ वाले इलाकों में जाने से बचना जैसे कोरोना प्रोटोकॉल का पालन करते रहने में कोई बुराई नहीं है, इससे हम कोरोना के साथ-साथ अन्य बीमारियों से भी बचे रहेंगे। वैक्सीनेशन के बाद भी मास्क ही कवच रहेगा," मोहन ने आगे कहा।

धीरे-धीरे लोगों ने अपने आपको नई परिस्थितियों में ढाल लिया था और उनके अभ्यस्त होने लगे थे। कुछ बंदिशों और संयमों के साथ स्थितियाँ सामान्य होती जा रही थीं और जिंदगी तेजी से रोजमर्रा के ढर्रे पर लौटने लगी थी।

□

उपसंहार

"जेम्स, तुमने देखा मानव-जाति आज कैसे इस कोरोना संक्रमण से दो-चार कर रही है। पर घबराने की कोई बात नहीं है, बस, जब तक वैक्सीन नहीं आ जाती, तब तक सबको सतर्क रहना है और सावधानियाँ जरूर बरतनी हैं। बस, धैर्य नहीं खोना है और मास्क, डिस्टेनसिंग और हाथ धोने के नियमों का पालन करना है। आज फिर हम एक बड़ी आपदा को हराने के करीब पहुँच चुके हैं और अगले कुछ समय में इसका टीकाकरण शुरू हो सकता है। विशेषज्ञों और जानकारों का कहना है कि सिर्फ टीकाकरण से ही कोरोनो वायरस संक्रमण खत्म नहीं होगा। वैसे भी वैक्सीन की दो खुराकों के बीच लगभग एक महीने का अंतराल होगा और पूरी डोज हो जाने के 14 दिनों बाद ही यह असरकारक होगी। इस तरह टीकाकरण के लगभग कम से कम 6 हफ्ते तक तो कोरोना प्रोटोकॉल का पालन करना ही होगा। फिर सबका टीकाकरण होने में समय लगेगा और तब तक हमें कोरोना नियमों का पालन करते रहना होगा। टीकाकरण के बाद भी हमें कोरोना के नियमों, जैसे सोशल डिस्टेंसिंग, मास्क लगाना, हाथ सैनिटाइज करना आदि का पालन करते रहना होगा।

याद रखना है—
दो गज दूरी
मास्क है जरूरी।

बिना मतलब घर से नहीं निकलना है—

हौसला और घोंसला मत छोड़िए,
बाकी सब ठीक ही रहेगा।

"परेशान और डरने की कोई जरूरत नहीं है, बस, सबको अपना ध्यान रखना है और नियमों का पालन करना है। जब जरूरी हो तो ईमानदारी से नियमपूर्वक कोरेनटाइन में रहना है," रमेश ने कहा।

"हाँ, बिल्कुल।···यूरोप में दूसरी लहर आने की भी आशंका जताई जा रही है, इसीलिए और भी बहुत सतर्क रहने की जरूरत है," जेम्स ने अपनी चिंता जताई।

"हाँ, बहुत सतर्क रहना है।···तुमने देखा 4500 वर्ष पहले सिंधु घाटी सभ्यता के जमाने में सबकुछ होने के बावजूद, सभी तरह की विपदाएँ आने के बावजूद भी मानव-जाति आगे बढ़ती रही। आज फिर हम एक कठिन दौर से गुजर रहे हैं, पर पूरा विश्वास है कि हम अवश्य कामयाब होंगे और आगे बढ़ते रहेंगे···" रमेश ने अपने कैंब्रिज के शोधकर्ता साथी जेम्स को बड़े विश्वासपूर्वक ढाँढ़स बँधाया।

~

यह वक्त ही तो है;
गुजर जाएगा, गुजर जाएगा।
यकीन रख, यह लम्हा दो पल में बिखर जाएगा,
बिखर जाएगा;
जिंदा रहने का जज्बा फिर असर लाएगा,
फिर असर लाएगा॥
माना मुश्किल बहुत है, मगर वक्त ही तो है;
गुजर जाएगा, गुजर जाएगा।
इतिहास गवाह है, यह मसला भी सुलझ जाएगा;
सुलझ जाएगा॥

□□□